CW01660323

Книга издана при поддержке
Шведского института культуры

Ulf Stark

Min vän Percy Buffalo Bill och jag

Bonnier Carlsen

Ульф Старк

Мой друг Перси, Буффало Билл и я

Москва
Самокат

УДК 821.113.6-31-93 Старк У.
ББК 84(4Шве)-44
С 77

Серия «Лучшая новая книжка»

Старк, Ульф.

С77 Мой друг Перси, Буффало Билл и я : [для сред. и ст. шк. возраста] / Ульф Старк ; пер. со швед. Ольги Мяэотс ; ил. Марии Патрушевой. — Москва : Самокат, 2023. — 272 с. : ил. — (Лучшая новая книжка). — Доп. тит. л. швед. — ISBN 978-5-91759-154-4.

Что может быть лучше летних каникул, проведенных вместе с другом? Десятилетние Ульф и Перси строят хижину, купаются в море, играют в индейцев, помогают приятелю собирать жуков и читают книгу про Буффало Билла, знаменитого охотника на бизонов с Дикого Запада.

Перси неожиданным образом удается расположить к себе всю семью, даже сердитого дедушку Ульфа. И всех приятелей друга. Даже девочку Пию, в которую Ульф безнадежно влюблен! Выдержит ли дружба мальчиков такие испытания?

Ульф Старк – классик шведской детской литературы, лауреат Немецкой международной детской литературной премии 1994 г., Шведской национальной Августовской премии 1996 г., автор повестей «Чудаки и зануды», «Пусть танцуют белые медведи», «Умеешь ли ты свистеть, Йоханна?».

УДК 821.113.6-31-93 Старк У.
ББК 84(4Шве)-44

Любое использование текста и иллюстраций разрешено только с письменного согласия издательства.

© Ulf Stark, 2004
First published by Bonnier Carlsen Bokförlag, Stockholm, Sweden
Published in the Russian language by arrangement with Bonnier Group Agency, Stockholm, Sweden and OKNO Literary Agency, Sweden
© Мяэотс О.Н., перевод, 2013
© Издание на русском языке, оформление.
ООО «Издательский дом «Самокат», 2023

ISBN 978-5-91759-154-4

Оглавление

Глава 1. *Я становлюсь кровным братом* 9

Глава 2. *Я купаюсь прямо в одежде* 18

Глава 3. *Я встречаюсь с дедушкой, гусеницами и Классе* . . . 27

Глава 4. *Я изучаю дедушкины котлеты и обнимаю рыбу* . . 37

Глава 5. *Мне напоминают то, о чем я забыл* 53

Глава 6. *Я встречаю Перси, а дедушка разбивает стул* . . . 63

Глава 7. *Мы находим веру, надежду и любовь в дровяном сарае и узнаем о Буффало Билле* 72

Глава 8. *Мы подсматриваем за нудистами и добываем еще одного жука* 82

Глава 9. *Самый злющий конь в Швеции и миллионы звезд у нас над головами* 96

Глава 10. *Любовь, крапива и уксус* 107

Глава 11. *Мы изучаем Библию. Перси тренируется в сухом плавании* 118

Глава 12. *Перси стреляет точно в цель и плавает почти по-настоящему* 126

Глава 13. *Перси танцует и получает трепку, а потом еще одну* 144

Глава 14. *Я получаю окончательный отказ и слушаю музыку любви* 158

Глава 15. *Я пребываю в мрачном настроении, а Перси — в отличном* 173

Глава 16. *Невозможное кажется возможным, а потом снова становится невозможным* 187

Глава 17. *Я понимаю: от Бога милости не жди* 201

Глава 18. *Куда подевались мои волосы?* 215

Глава 19. *Я учусь думать о вареных рыбьих глазах* 226

Глава 20. *Дедушка побрился и стал как новенький* 238

Глава 21. *Тарзан — сын крокодила и трески* 249

Глава 22. *Буффало Билл стреляет без промаха* 259

Мой друг Перси, Буффало Билл и я

— А я что говорю? — крикнул дед. — Объедаться не надо на ночь. Где это видано, чтоб в спальне лошади были?

Дилан Томас. *Портрет художника в щенячестве*

(Перевод Е. Суриц)

Глава 1

Я становлюсь кровным братом

Бывают дни, от которых ждешь чего-то особенного.

Вот и этого дня мы ждали почти год. В окно класса светило солнце. Оно блестело веселыми бликами на наших приглаженных мокрыми расческами макушках и на красном яблоке, которое Анн-Кристин положила на учительский стол. Мы уже привели в порядок парты. Вот-вот начнутся летние каникулы. Жизнь казалась нам прекрасной, и хотелось думать только о хорошем.

О чем?

Ну, я вспоминал Классе, Пию, моего сварливого толстого дедушку. Запах крапивы. А еще думал о том, как здорово будет нырнуть в шелестящие волны, разбегающиеся от кораблей. Но тут мой приятель Перси хлопнул меня по плечу и сунул в руку смятую бумажку.

«Как начнется песня — линяем!» — было написано в записке.

Тем временем учительница подошла к фисгармонии и предложила:

— А теперь давайте споем.

Ее звали Мэрта Линдквист, она замещала нашу классную руководительницу. У нее были красные накрашенные губы, красные туфли и узкий красный пояс из настоящей пластмассы. При каждом движении ее желтое платье колыхалось, словно пшеничное поле на ветру. От учительницы пахло ландышами. А стоило ей улыбнуться, как и наши родители тоже заулыбались — такая у нее была заразительная улыбка.

— Давайте споем все вместе, — сказала она.

И заиграла самую красивую песню, какую знала, — «Когда поле колышется на ветру». Но я лишь слегка шевелил губами: не хотел портить всем настроение. Да и не я один. Многие тоже только рот открывали. А вот моя мама пела громко и с переливами.

Я подмигнул Перси: пора сваливать. Маме это, конечно, не понравится. Но чего она так распелась?

— Эй, куда это вы? — спросила учительница.

— Хотим поскорее начать каникулы — не можем больше ждать, — объяснил Перси.

— Хорошего вам лета! — пожелал я.

— И вам, — кивнула учительница. — До осени!

По пути к двери Перси прихватил со стола яблоко.

Мы промчались по коридору, распахнули школьную дверь, и нас тут же ослепило солнце, оглушил щебет невидимых птиц и обняло бескрайнее небо.

«Наконец-то дождался!» — обрадовался я.

Мы побежали к трамплину, уселись на самой верхотуре — там, где зимой прыгуны ждут своей очереди, чтобы слететь вниз на широких лыжах. Теплый ветерок гудел в перилах и трепал наши праздничные прически. Мы запихнули парадные галстуки в карманы брюк, сняли ботинки и носки: пусть и у пальцев ног начнутся каникулы.

Перочинным ножиком Перси разрезал яблоко, которое стянул в школе, пополам, точно, как мог. И большую половинку взял себе.

— Ну, какие планы на лето? — поинтересовался он.

— Поеду на остров. Я каждое лето туда езжу.

— И что ты там делаешь?

— Да всё что угодно. А у тебя какие планы?

Перси не ответил. Он наморщил лоб, выплюнул яблочные косточки, а потом отвернулся и стал смотреть на скотобойню. Что-то ему явно не давало покоя. Он провел пальцем по лезвию, словно проверяя, острое ли, и улыбнулся:

— Мы ведь тыщу лет друг дружку знаем, так?

— Так.

— Сколько уже набежало?

— Три года.

— Вот! Три года. Пора нам стать кровными братьями.

— А как это — кровными братьями? — спросил я.

И Перси растолковал мне, как.

— Мы должны порезать себе пальцы, а кровь смешать, — объяснил он. — Хорошо, что я прихватил с собой перочинный ножик.

Он отер грязное лезвие о брюки. И тут я вдруг вспомнил, как мне брали анализ крови. Приятного было мало.

— Это ты, конечно, здорово придумал. Но можно ведь и инфекцию занести, — засомневался я. — А от заражения крови умрешь в два счета.

Мой отец был зубным врачом, и я наслушался от него о всяких бактериях.

— Верно. Но если сперва раскалить лезвие на огне — ничего не будет.

Что я мог возразить? Перси всегда таскал в кармане спичечный коробок. Он чиркнул спичкой и подержал нож над пламенем, пока лезвие не почернело от копоти. А потом сделал узкий надрез — сначала на своем пальце, а потом на моем. Больно. Но и торжественно. Мне даже понравилось.

— Ну, дело сделано, — объявил Перси. — Теперь мы — кровные братья. Понимаешь, что это значит?

— Нет, — признался я.

— Это значит, что теперь мы должны отправиться на остров вдвоем, — растолковал Перси. — У меня острова нет, так что придется ехать к тебе.

Я не знал, радоваться мне или нет. Конечно, Перси — мой лучший друг. Но на острове у меня полно приятелей: Классе и Бенке, Данне и Леффе. А еще Пия. Может, они и не примут его в компанию. Да и родители вряд ли согласятся. А уж мой брат Ян точно будет не в восторге.

Про дедушку и говорить нечего: он наверняка не обрадуется появлению еще одного мальчишки в доме.

Ему и нас с братом хватает.

Он не любит детей.

Как, впрочем, и взрослых, и животных тоже.

— Ну не знаю, — промямлил я. — Дедушка и без того вечно злой как черт.

— Не беда, — успокоил меня Перси. — Не боюсь я его. Зато побываю на острове.

— Обещаешь дедушку не злить?

— Ты же меня знаешь!

Я-то его знал... Это меня и тревожило. Перси был способен вывести из себя кого угодно. Но как я мог сказать «нет» своему новоявленному кровному брату!

— Только ты приезжай попозже, — попросил я. — Чтобы я успел всех подготовить.

— Когда?

— Двенадцатого июня. Как раз на мой день рождения.

Перси на радостях так меня обнял, что мы упали и покатились вниз с трамплина.

— Заранее поздравляю! — прокричал он.

Когда я пришел домой, паленым пахло уже с порога. Мама была не в духе.

— Как ты посмел сбежать до окончания церемонии! — напустилась она на меня. — Как ты только до такого додумался? Полюбуйся: из-за тебя у меня всё подгорело! Что на тебя нашло?

— Мне по-маленькому приспичило, — соврал я.

— И Перси тоже?

— Ага.

По дороге домой я предусмотрительно сорвал ветку шиповника в саду у тети Ульсон. Я вручил ее маме, чтобы разрядить обстановку. И улыбнулся своей самой кроткой улыбкой.

— Это тебе, мамочка.

— Спасибо. И всё же помни: воспитанные дети так не поступают. Не забывай, что твой папа — зубной врач.

— Ой, я и правда об этом не подумал! — потупился я. Обычно это помогало.

— Посмотри: новые брюки в крови! — сказала мама, но уже гораздо спокойнее.

— Это я за колючку зацепился, когда шиповник срывал.

— Ну ладно. Брошу в стиральную машину. Пожалуй, ты слишком много времени проводишь с этим Перси. Конечно, он славный мальчик. В глубине души. Но вечно его на проказы тянет. Хорошо, что мы уезжаем к дедушке, — поживете немного врозь. Верно?

— В общем, да.

— Знаешь, давай не будем ничего рассказывать папе, — решила мама.

— Угу, — согласился я.

И не рассказал о том, что пригласил Перси на остров.

Поэтому папа весь вечер был в прекрасном настроении. Радовался, что мы скоро отправимся к бабушке и дедушке. Папа любил уезжать от забот. Он уплетал тушеную капусту и даже не заметил, что мясо пригорело. Он улыбнулся моему брату, который как раз подкинул мне в тарелку козявку.

— Скоро мы заживем в тишине и покое, и нас не будут заботить коровьи надои, — пошутил папа.

Но никто не засмеялся.

Глава 2
Я купаюсь прямо в одежде

До отъезда я так и не смог сказать родителям о том, что пригласил Перси. Мы все были заняты сборами.

Я сунул в сумку кусок сыра, оставшийся в холодильнике, альбом для рисования и финский ножик. Мой брат взял с собой пачку комиксов о Супермене и Фантомасе. У мамы набралось вещей на две сумки и большой сундук, а папа добавил ко всему этому свою трубку.

— Ну что ж, поехали, — сказал он.

Мы отправились в путь на своей собственной лодке. Она называлась «Претто». С двумя мачтами — чтобы можно было поднять парус, если вдруг заглохнет мотор. Я почти не вылезал из маленькой каюты на корме. Я съел сыр, а потом прижался лбом к дрожащему полу. Только так я мог не думать о том, что меня укачивает.

Еще я попробовал вспомнить Пию.

Достал альбом и написал крупно: «Пия». Мне чуть-чуть полегчало. Только вот как она выглядит? Я вспомнил, что у нее темные волосы и красивая фигура. А губы, нос, глаза? Как может нравиться девочка, если ты даже не помнишь ее лица?

У меня получился портрет без носа, глаз и рта. Подбородок вышел совсем не похоже. Я нарисовал один глаз и тут же стер. Даже брови не удались.

— Черт, — пробормотал я еле слышно.

Потом я попробовал вспомнить, как она смеется. Это оказалось полегче. У Пии был такой хрипловатый щекочущий смех. По крайней мере, так мне казалось прошлым летом. Интересно, а какой он в этом году?

Тут Ян открыл люк и спрыгнул прямо на мой рисунок.

— Красота! — похвалил он.

— Не мог постучать, прежде чем вламываться?

— Ах, извините-извините, — съязвил брат.

Он выудил из сумки комикс про Фантомаса и снова вылез на солнце.

Вскоре и я вышел на палубу, сложил из своего рисунка самолетик и пустил его по ветру. Сделав красивый вираж, он спикировал и заскользил по воде, словно чайка, совершившая вынужденную посадку.

Папа стоял у штурвала и радостно насвистывал. Белую моряцкую фуражку он сдвинул чуть-чуть набекрень. Настроение у него было отличное, как всегда, когда мы уезжали из города. Он насвистывал «У меня ни гроша в кармане, я свободен как птица» и курил трубку. Мелодия вылетала, словно колечки дыма. Папа, прищурившись, поглядывал на воду и кивал островкам и шхерам, мимо которых мы проходили.

Мама сидела на корме и вязала свитер. Ян уткнулся в свои комиксы. Папа терпеть не мог комиксы, но ничего ему не говорил. Ведь мы плыли на остров! Я зажмурился и старался не думать о том, что творится у меня в желудке.

— Погляди-ка налево, Ульф, что ты там видишь? — спросил папа.

Я, конечно, посмотрел не в ту сторону. Несколько чаек ныряли в воду у мостков. Из летней уборной вышел какой-то дядька.

— Ничего особенного.

— Вечно ты путаешь лево и право! Неужели трудно запомнить? — рассердился папа.

— Так уж выходит, — ответил я.

Если бы я посмотрел туда, куда он указывал, то увидел бы маяк. Каждый год, проходя мимо этого места, мы устраивали перекус. Здесь была ровно половина пути. Мама достала пакет с едой: молоко и бутерброды с колбасой и огурцами.

— Здорово, да? — сказал папа.

Он отпустил штурвал, чтобы погладить маму по щеке и достать бутерброд.

— Что именно? — спросила мама.

— Да всё!

Папа хотел сказать: здорово сбежать на время из зубного кабинета, от ежедневных забот, забыть о медсестре, которая вечно так завинчивает краны, что прокладки летят.

Хорошо пожить тихо и мирно — вот что он имел в виду.

— Да, здорово, — согласилась мама.

— Спой что-нибудь? — попросил папа.

— Мы же едим, — отмахнулась она.

Но тоже улыбнулась, хотя она и не радовалась так, как папа. Я решил, что настал подходящий момент рассказать им о Перси.

— Я хочу вам кое-что сказать, — начал я.

— Что-то приятное? — спросила мама.

— В общем, да.

— Что же? — заинтересовался папа.

Но тут Ян оторвался от своих комиксов.

— Он хочет сказать, что влюбился в Пию и собирается на ней жениться! В церкви Стурчюркан.

— Ну и придурок же ты! — завопил я и плеснул в него молоком.

В другой бы день папа страшно рассердился. Но теперь мы плыли на остров, так что когда Ян, весь мокрый, ринулся на меня с кулаками, папа просто удержал его.

— Не дразнись, Ян. Чувства — вещь чувствительная. А ты, Ульф, не обзывайся, — сказал папа, повернувшись ко мне. — И почисти хорошенько зубы на ночь. Два раза. Прекратите вечно ссориться, мальчики! Хочешь еще молока?

Нет, спасибо. Меня и так подташнивало.

— Что ты хотел сказать, Ульф? — напомнила мама.

— Так, ничего особенного, — ответил я и повернулся к папе. — Неужели нельзя идти побыстрее?

Папа вел лодку со скоростью не больше семи узлов в час. Всегда. Он считал, что так мы наслаждаемся видом окрестностей. Да и горючего уходит меньше.

Я снова уполз в каюту и приложил лоб к полу.

Папа дал три долгих гудка и один короткий. Значит, прибыли. Я поднялся наверх. Дом дедушки и бабушки красовался на вершине горы и был похож на большое безе. Дедушка сам его построил — две башенки, терраса и балкон, где теперь стояла бабушка и махала нам тряпкой для вытирания пыли. Дедушка, как обычно, работал в саду, выкапывал из земли большущие камни. Когда наша лодка протарахтела мимо, он вскинул лопату в знак приветствия.

Он даже поднял флаг в честь нашего приезда.

— Тишина и покой. Наконец-то начнется блаженный отдых! — воскликнул папа, когда мы пристали к причалу в бухте. Ян спустил якорь.

— Не очень-то на это рассчитывай, — предупредила мама.

— Я, во всяком случае, сидеть сиднем не собираюсь, — заявил я.

Похоже, природа тоже не знала покоя. Над нашими головами горланили тучи чаек и крачек. А на другом берегу на скале, выдававшейся в море, стояла Пия и чистила щуку.

— А вон и твоя любовь, — сказал Ян и украдкой ущипнул меня за ногу.

— Да плевать мне на нее, — прошипел я.

Но всё же не удержался и посмотрел — на ее губы, глаза, нос, подбородок и красный купальник. Да, точно, вот она какая. Немного подросла за год, но такая же красивая. Пия подняла пойманную рыбину и помахала ей в воздухе.

— Привет, Уффе! — крикнула она. — Приходи на пирс купаться.

— Ну не знаю. Мне сперва надо с Классе встретиться, — ответил я. Рядом стоял мой брат и всё слушал.

— Ладно, — сказала она и опустила щуку.

Папа, отдуваясь, вытащил сундук из носовой каюты.

— Вот это улов! Какая огромная! — похвалил он.

— Да в ней лишь чуть больше двух кило. Я ее выловила у пароходного причала, — ответила Пия и продолжила чистить рыбу.

Совместными усилиями мы выгрузили сундук на причал.

— Пойду за тележкой, — сказал папа. — А вы пока выносите всё остальное.

Дедушка, как всегда, оставил тележку под ольхой у водокачки, чтобы нам не тащиться за ней к дому.

Я шел по палубе, в руках у меня был ящик с резиновыми сапогами, зонтами и плащами. И вдруг я вспомнил смех Пии. Интересно, остался ли он

таким же, как в прошлом году? Задумавшись, я споткнулся о веревку, выронил ящик и, взмахнув руками, с громким плеском рухнул в воду.

Море оказалось теплее, чем я ожидал.

Выплыв, сквозь крик чаек я услышал смех Пии. Он был такой же хрипловатый, вольный и разудалый, как и прежде.

— Растяпа! — прошипел Янне.

Я ничего ему не ответил. Только улыбнулся, выплюнул воду и откашлялся.

— Что там у вас стряслось? — крикнул папа.

— Да ничего особенного. Просто Уффе выбросил за борт резиновые сапоги и плащи, — ответил брат.

— О господи! — охнул папа.

Глава 3
Я встречаюсь с дедушкой, гусеницами и Классе

Тяжело пыхтя, папа тянул нагруженную тележку. В самом низу лежал сундук с сокровищами — алюминиевый с черным железным кантом. В нем была наша одежда и простыни, а еще кухонный комбайн, тетрадь с мамиными лучшими рецептами и папин французский детектив — чтобы ему было что читать на отдыхе. Поверх сундука мы положили гамак и навалили коробки со всякой всячиной, без которой на острове не прожить.

— Ну-ка, взялись дружно, мальчики! — кричал папа. — Раз-два!

Ухватившись за ручку, он тянул тележку вперед. А мы с Яном подталкивали сзади. Папа то и дело останавливался и утирал пот со лба своей моряцкой фуражкой. Его нейлоновая рубашка намокла от пота. Подъем к дому был крутой. Тут и там на тропинке торчали острые камни.

— Проклятущая дорога! — бормотал папа.

— Что ты сказал? — спросил дедушка. Это он проложил дорожку.

Он стоял наверху, спиной к солнцу. Его тень накрыла нас. Она была длинная, черная и мускулистая — ну, прямо точь-в-точь как тот кочегар, которого дед нокаутировал однажды во время плавания через Атлантику.

Сам-то дедушка был приземистый и толстый, и нос у него был бугристый.

— Ну, вот мы и прибыли, — объявил папа.

— Может, зрение у меня уже и не такое, как прежде, но я не слепой, — буркнул дедушка.

— Здравствуйте, дядя, — сказала мама. Она его так называла.

Дедушка приподнял серую фетровую шляпу, и солнце осветило его блестящую лысину. Он кивнул. Сначала маме, потом всем остальным.

— И вам здрасьте, — отвечал он.

Он так говорил — «здрасьте», «добрутро». На этом церемонии закончились. Дедушка снова надел шляпу.

— Что это вы тащите? — гаркнул он, указывая на нашу поклажу. — Вы что, привезли с собой пол-Стокгольма?

— Тут только самое необходимое, — отвечала мама.

— Не следует брать больше, чем можешь унести! — рявкнул дед. — Ну-ка, отпусти ручку, и вы, парни, тоже отойдите в сторонку.

Дедушка налег грудью на рукоятку тележки и потащил ее, словно упрямый маленький тяжеловоз. От натуги у него покраснели уши и на затылке проступил пот. Но он тянул в одиночку, а мы шли следом.

— Как ты вообще себя чувствуешь, отец? — поинтересовался папа.

— А ты как думаешь? — буркнул дед. — Как может чувствовать себя старый немощный старик?

Он принялся жаловаться на то, что улитки сожрали всю клубнику. И на то, что какой-то заезжий балбес поставил палатку прямо перед их домом. А вдобавок шмель всю ночь не давал ему спать.

— И вот теперь еще вы заявились со своим барахлом, — ворчал он. — Я помню, как хотел однажды выйти ночью помочиться и наступил на игрушечный автомобиль. Разбил колено о порог. Потом поллета хромал, словно придурок какой.

Так он ворчал всю дорогу до дома. Бабушка ждала нас на пороге кухни. Она напекла целую гору оладий и достала банку домашнего клубничного варенья. Как обычно — к нашему приезду. Один-единственный раз за лето она готовила сама, а потом уступала кухню маме.

— Ох, ну и заждалась же я вас, дорогие мои! — сказала бабушка и раскрыла объятья.

Сначала она обняла папу. Потом брата. А мне она лишь пожала руку, потому что я был весь мокрый.

— Ну, чем займешься после обеда? — спросила она, когда мы уселись за стол. — Побежишь в деревню играть?

— Я больше не играю, — отвечал я. — Так, просто пойду проведаю Классе.

— Никуда ты не пойдешь, пока не соберешь десять гусениц-капустниц! — заявил дедушка.

Он ненавидел гусениц лютой ненавистью и платил нам с братом по пять эре за каждую пойманную.

Вообще-то дедушка много чего терпеть не мог. Столько всего вокруг жужжит, кусается и действует на нервы! Он ненавидел любую живность, которая зарилась на его посадки.

Но главными его врагами были огромные черные камни, что лежали посреди клубничных грядок и заслоняли солнце его нежным растениям.

— Ох, как же я ненавижу этот валун! — проворчал дед и кивнул в сторону большущего камня. Я пришел к нему с пакетом гусениц. Я их насобирал на целых две кроны.

— За что?

— Ты еще спрашиваешь! У тебя что, глаз нет? Не видишь, какая от него тень? В такой тени ничего не растет!

Я поглядел на тень. Просто чтобы не смотреть на пакет. Дедушка бросил его на землю и сразу растоптал.

— Так взорви его, — предложил я.

— Взорвать? Нет уж! Я его сам сверну. Ну, сколько я тебе должен?

— Две кроны.

— Ладно, потом получишь. Беги теперь, развлекайся.

И я помчался в поселок.

Классе с родителями жил на втором этаже деревенского дома. Каждое лето, прежде чем начать отдыхать по-настоящему, он должен был сделать что-нибудь полезное и познавательное. Так решил его папа. В прошлом году, например, он ловил бабочек. Ему надо было узнать, как они называются, наколоть их на иголки и разложить в маленькие коробочки со стеклянными крышками. А два года назад он собирал листья разных деревьев и кустов и приклеивал их в альбом.

Когда Классе открыл мне дверь, вид у него был весьма унылый. А я-то как дурак надел вставную челюсть, которую прихватил из папиного зубоврачебного кабинета, — повеселить его хотел! Верхние зубы торчали, и челюсть скалилась ослепительной улыбкой. Но Классе посмотрел на меня мрачно.

— Сними лучше, — буркнул он. — И без тебя тошно. Мне не до веселья.

Я сунул челюсть в карман.

— Ну, что тебе задали в этом году? — поинтересовался я. — Звериные какашки собирать?

— Нет, жуков, — вздохнул он.

Шестнадцать штук он уже нашел.

— Отлично! — похвалил я.

— Да ты знаешь, сколько их всего?

— Нет.

— Почти триста тысяч! — сообщил Классе. — В одной Швеции — более четырех тысяч видов.

— Ничего себе!

— Вот-вот! Но мне надо найти всего тридцать пять. Я, правда, припас тут двух впрок. Папа про них еще не знает. Так что вечером могу устроить себе выходной.

— Тогда айда на пирс! — предложил я.

— Давай! — согласился он. — Только сначала выкурим по сигаретке.

Мы курили там же, где всегда, — в расщелине между двух скал. Оттуда был виден маяк, острова и море. А дальше, у горизонта, взгляд терялся в безбрежной бесконечности.

— Красотища! — сказал я.

— Думаешь? — спросил Классе. Он-то уже неделю тут был.

— Да.

Мы лежали за кустом можжевельника и дымили «Честерфилдом». У меня от него саднило нёбо, хоть я совсем недолго держал дым во рту и поскорее выпускал его обратно. Классе, наоборот, делал жутко глубокие затяжки. И стрелял в лужу зажженными спичками. Ему просто необходимо было каждый день совершать что-нибудь запрещенное, уж больно строгий у него был отец.

— Ну почему именно я из лета в лето должен выполнять эту обязаловку? — вздохнул он.

— Не знаю.

— Это же нечестно! Другие-то в это время плавают, загорают и вообще бьют баклуши.

— У всех родителей есть свои недостатки и свои достоинства, — отвечал я. — Ничего с этим не поделаешь.

— Это точно.

— Хочешь, я помогу тебе искать жуков? — предложил я.

— Давай! — согласился Классе и выпустил облачко дыма. Оно окружило мою голову серым венцом. — Здорово, что ты приехал!

— Ага. Знаешь, о чем я подумал?

— О чем?

— Хорошо уехать из города и встретиться вновь со старыми товарищами!

— Точно.

Мы потушили едкие сигареты и отправились на пирс. Но сначала Классе показал мне своих припрятанных жуков. Он хранил их в спичечном коробке. Там лежали цикадка и навозный жук с красными крыльями.

— Классный, — похвалил я навозника.

— Я нашел его в коровьей лепешке, — сообщил Классе.

— Я догадался.

На пирсе уже купалась вся наша компания. Все, кроме Леффе: он должен был сидеть с маленькой сестренкой. Они прыгали, пихались и ныряли с пирса. А мы даже плавки не взяли. Так что просто смотрели.
— Видел? — спросил я.
— Что?
— Тихо!

Мне хотелось получше рассмотреть Пию. Она стояла на пирсе в красном купальнике. Вот она подняла руки над головой и нырнула. Казалось, она летела над водой целую вечность — парила в воздухе, словно огненно-красное видение. Солнце слепило глаза так, что даже слезы потекли. Я поскорее вытер их рубашкой.
— Вы что, не будете купаться? — спросила Пия, когда выбралась на берег и заметила нас.
— Не-а, не сегодня. Я плавки забыл.
— Ну и что? Ты ведь и в одежде купаешься.

Она улыбнулась, но не засмеялась.
— Не чаще одного раза в день, — ответил я.
— Пойдешь рыбу ловить?
— Нам сперва надо жуков набрать, — вздохнул Классе.
— А потом?

Пия снова взобралась на пирс.

— Потом можно, — согласился я.

— Идем же! — позвал Классе.

Мы уже дошли до заправочного причала, а я всё оглядывался: хотел увидеть, как она ныряет.

Никак не мог насмотреться.

Глава 4

Я изучаю дедушкины котлеты и обнимаю рыбу

Нас с братом поселили в дамской каюте.

Дом бабушки и дедушки был обставлен вещами из старых корабельных кают. Дед перевез их сюда и расставил в комнатах, кухне и прихожей. Сам дедушка расположился в капитанской каюте, мама и папа — в кормовом салоне, а бабушка — в кают-компании. Нам с братом, как я уже сказал, досталась дамская каюта. Но мы бы ни за что никому в этом не признались, даже под пытками.

Мы говорили, что живем в Белом салоне. Потому что наша комната была белая. Только оконная рама синяя. На стенах висели морские пейзажи — корабли в бурном море: пароходы, парусники, военные крейсера.

Мне больше всего нравилась серая канонерка в штормовом море.

— Двенадцать, — прошептал я.

Мы лежали на двухъярусной кровати и, навострив уши, считали, сколько раз дедушка пукнет. Канонада стояла такая, словно все нарисованные на стенах корабли разом объявили друг дружке войну и давай палить из всех орудий.

Дедушка не терял боевого духа даже во сне.

— Вот это был залп что надо! — похвалил Янне.

Мы оценивали дедово пуканье по придуманной нами шкале — от почти не слышного, словно комариный писк, до пушечных залпов.

— Тринадцать, — сказал я. — Этак он сегодня побьет свой предыдущий рекорд!

— Ему бы на олимпиаде выступать, — подхватил Янне.

— Или в церкви. У него живот гудит погромче органа.

— Четырнадцать, — сосчитал Янне.

— Он повторил свой прежний рекорд, — заключил я. — Ну, теперь всё.

— Да, — согласился брат, он был явно разочарован.

И тут раздался еще один залп, еле слышный, как у какой-нибудь тетеньки, но мы и его засчитали. Мы были единовластными судьями и могли судить, как хотели. От смеха на нас напала икота, так что пришлось уткнуться в подушки, чтобы себя не выдать. Потом дедушка захрапел. Сначала звук был тихий, как жужжание электробритвы, потом погромче — как лодочный мотор в двенадцать лошадиных сил.

— Кончилось веселье, — констатировал Янне.

— Угу, — сказал я. — Кстати, ты не знаешь, где можно найти жуков?

— Заткнись, спать давай, — буркнул брат и сунул голову под подушку.

А я всё лежал, смотрел в потолок и думал о Пии. В перерыве между дедовыми всхрапами мне почудился ее хрипловатый смех. Но к тому времени я уже почти уснул.

Несколько дней кряду мы с Классе занимались поисками жуков.

В дровах в дедушкином сарае мы ловили усачей и короедов. Исползали весь газон в саду школьного учителя в поисках вечно прячущихся долгоносиков. Заодно музыки наслушались: учитель играл на пианино, распахнув окно. Иногда он пел. А порой кашлял.

Потом мы решили перенести поиски подальше от дома. И отправились к старому бомбоубежищу у проселочной дороги. В траве у входа сидел Леффе со своей маленькой сестренкой. Перед ними лежала горка шишек, они втыкали в них палочки.

— Что это ты мастеришь? Зверюшек?

— Никакие это не зверюшки, — возмутился Леффе. — Это ручные гранаты.

Он швырнул в нас несколько штук:

— БАХ! БАХ!

Но когда мы отошли подальше, я услышал, как он промычал: «Му-у».

— Ну, куда теперь? — спросил я.

— Давай на Эстерманову компостную кучу, посмотрим, вдруг найдем там жука-носорога, — предложил Классе.

И верно: жук спал под полусгнившим капустным листом.

— Видал?! — обрадовался Классе и указал на торчащий рог. — Это самец. Вот повезло!

Жук был настоящий красавец: и впрямь словно крошечный черный носорог. Классе объяснил мне, что может пройти пять лет, пока из личинки вырастет настоящий жук. А еще рассказал, что они питаются гниющими растениями, но только по ночам, а днем спят. Он взял жука и пощекотал ему пузико, чтобы тот успокоился.

— Знаешь, что мне в тебе нравится? — спросил я.

— Не-а.

Классе сунул жука в банку с эфиром, чтобы тот спокойно умер.

— Ты всё про всё знаешь. И у тебя столькому можно научиться! Ну что, достаточно теперь жуков?

— Нет, еще восемь надо насобирать. Может, покурим?

— Не успеем, — ответил я, потому что вспомнил о Пии и о том, что хотел пойти с ней на рыбалку.

— Ладно, мне всё равно уже обедать пора, — сказал Классе.

— А ведь и мне тоже! — спохватился я.

Но мы всё же присели ненадолго. Классе достал сигарету. Он старался показать, как ему нравится это занятие. Но я ограничился вдыханием восхитительного затхлого запаха, исходившего от компостной кучи. Из конюшни доносился грохот, словно кто-то молотил там внутри здоровенной кувалдой. Это был Чернобой, бешеный конь Эстермана, он бил копытом в стену стойла. Он вечно так — колотит, пока дыру в досках не пробьет.

— Надо бы дедушке прибить еще пару досок для укрепления, — сказал я.

— Да уж, — согласился Классе.

Когда мы дошли до развилки, он сказал:

— Встретимся после обеда и еще поищем.
— Давай, я знаю отличный пень.
— Ладно.

Мы договорились встретиться в два часа и разошлись по домам.

Все, кроме дедушки, ели на обед простоквашу с накрошенными в нее хлебцами и брусничное варенье. А дедушка — картошку и две мясные котлеты. Простоквашу он приберег на полдник. Ел он ее с имбирем. Только дедушка собрался вонзить вилку в котлету, как я потянул к себе его тарелку. Достал лупу и принялся рассматривать мясо.

При увеличении котлета выглядела не больно-то аппетитно. Я потыкал в нее своей ложкой.

— Что ты вытворяешь? — заорал дедушка.
— Ага, что это ты удумал? — подхватил брат.
— Просто хочу проверить, нет ли в них каких насекомых, — ответил я.
— Что еще за насекомые могут быть в моих котлетах? — удивился дедушка.
— Может, ветчинные кожееды, — предположил я. — Они любят мясо. У них еще на надкрыльях есть такая колючая полоска в черную крапинку.

— Чертовы мелкие твари! — возмутился дедушка. — Ну что, углядел их?

— Нет, к сожалению.

Но это его не успокоило. Хотя папа и уверял, что жуки должны были погибнуть при жарке. Теперь у дедушки появилось еще одно ненавистное живое существо. Он жевал так, словно хотел перетереть их зубами.

Я же торопился съесть свою порцию, потому что старые напольные часы в углу показывали почти два.

— Уф, ну я и наелся! Дедушка, можешь выдать мне деньги за гусениц? — спросил я.

— Сколько?

— Две кроны.

Дедушка выудил монетки из кошелька. Я схватил их и убежал. Мне некогда было рассиживаться. Летом у меня всегда дел невпроворот. Но на этот раз я торопился как никогда. Я спешил к еловому пню у булочной.

Классе появился почти сразу вслед за мной.

Я обещал ему, что мы наверняка найдем в пне краснокрылых щелкунов. Эти жуки любят кору. Но на самом деле я торопился потому, что туда вот-вот должна была прийти за хлебом Пия. Мне необходимо было видеть ее время от времени. Я просто не мог удержаться. А на этот раз у меня возникла идея.

— Ничего здесь нет. Пошли отсюда, — вздохнул Классе, поискав немного.

— Посмотри получше. Ты что-то начал халтурить.

К счастью, тут прикатила Пия на своем велике. Она прислонила его к забору и вошла в булочную.

— Привет, и ты тут? — сказал я.

— Много насобирали? — поинтересовалась Пия.

— Скоро будет тридцать. Ну и жарища сегодня!

— Да уж.

— Хочешь мороженое?

— Хочу, если угостишь.

Конечно, я с радостью угостил ее. А заодно — себя и Классе. Но сначала Пия купила хлеб. А потом мы стояли возле ее велосипеда и с наслаждением лизали мороженое. У меня было фисташковое на палочке, а у них — в рожке.

— Знаете что, — начал я. — Думаю, здесь мы уже всё обыскали. А вот на других островах, возможно, есть жуки, которых нет на нашем. Если ты поедешь на рыбалку, мы могли бы составить тебе компанию.

— Точно! Как я до этого не додумался! — оживился Классе.

— Да мне самому это только что в голову пришло.

— Хорошо, договорились, — кивнула Пия.

— Тогда завтра?

— Ладно, завтра.

Здорово у меня котелок варит, подумал я, когда она скрылась за поворотом, увозя пакет с хлебом на багажнике.

— Спасибо, — прошептал я. — Спасибо-спасибо.

Через несколько дней мы отправились на рыбалку. Отец Пии был пилотом и всё время летал где-то там над землей. Так что Пия могла брать его моторку, когда ей заблагорассудится.

И вот наконец я сидел в лодке со своим другом и девчонкой, которая нравилась мне больше всех на свете, и мы направлялись на ловлю жуков! В лицо летели соленые брызги. Солнце слепило глаза. Мы прихватили с собой бутылку лимонада и кекс. И не надо было ничего говорить: треск мотора всё равно заглушал все слова.

Могло ли быть лучше? Нет!

Мы выбрали довольно большой скалистый остров на полпути к горизонту.

Пия устроилась на краю мыса и закинула удочку, а мы, вооружившись банкой-морилкой и сачком, принялись обшаривать остров в поисках новых жуков. И нам повезло. Мы набрели на лужу, полную затхлой желтой воды, там кишмя кишело насекомыми — как раз то, что нужно!

Классе указал на черного жука с длинными тоненькими ножками, танцевавшего на воде:

— Это водомерка. Она может ходить по воде.

— Прямо как Иисус Христос, — сказал я. — Давай сачок.

Мы поймали ее с первой же попытки и сунули в банку. Капнули несколько капель эфира на тряпочку на крышке, закрыли морилку и стали наблюдать. Водомерка всё медленнее дергала своими длинными тонюсенькими ножками. А вскоре и совсем затихла.

— Умерла, — констатировал Классе.

Мне стало не по себе.

— Какого лешего мы занимаемся этим душегубством? — спросил я.

— Это всё папа виноват, — ответил Классе. — Может, искупнемся?

Но Пия отказалась купаться. Ей хотелось еще поудить. А мы тем временем заметили в луже парочку жуков-вертячек. Они кружили по воде, словно пропеллеры. Мы как раз поймали одного, когда услышали радостный вопль Пии.

— Полюбуйтесь! — кричала она.

Я протянул Классе сачок:

— Сам занимайся своим жуком.

Мне хотелось всё внимание уделить Пии. Она стояла на мысу, широко расставив ноги. Спиннинг торчал вверх и согнулся так сильно, что, казалось, вот-вот сломается. Я видел только, как Пия разматывает катушку — еще и еще, а потом сматывает немного и снова выпускает. Я ничегошеньки не смыслил в рыбной ловле. Никогда.

Но мне нравилось наблюдать за Пией.

— Приготовься, Уффе, — велела она.

— К чему?

— Схватить рыбину, когда та подплывет поближе.

Я видел, как она бьется. Хвост молотил по воде, рыба на секунду выскакивала на поверхность, а потом снова погружалась на глубину. Но с каждым разом она выныривала всё ближе к берегу.

— Кто это? Синий кит? — пошутил я.

— Не мели чепухи, — осадила меня Пия. — Хватай же ее!

Я увидел зеленую тень на дне. И, как водится, ринулся в воду — во всей одежде. Я все-таки сумел

схватить рыбину. Она билась и извивалась у меня в руках, открывая рот так, что видны были ее острые зубы. Я старался не смотреть в ее злющие глаза.

— Поймал! — крикнул я.

И сделал пару шагов к берегу. Я уже вылезал из воды, но тут проклятая щука шлепнула меня по колену. Потеряв равновесие, я споткнулся о поросшую зелеными водорослями скользкую скалу, упал и ударился лбом над правым глазом. В голове замелькали злобные синие звездочки. Я ободрал локти, но добычу не выпустил. Щука затрепыхалась, когда я на нее навалился, но потом присмирела. Каким-то чудом мне удалось все же выбраться на берег и положить рыбу, словно жертву, к ногам Пии:

— Вот, пожалуйста.

— Да у тебя кровь!

Сильным ударом Пия оглушила полуживую щуку. А потом занялась мной.

— Ляг на спину, — велела она.

Звезды перед глазами постепенно потухли, и я увидел легкие летние облачка, бежавшие по небу. И скопу, которая кружила надо мной, словно гриф над павшим героем.

— Как ты? — спросила Пия.

— Да ничего страшного, — сказал я.

Но потом придумал ответ получше:

— Только вот в голове всё шумит, словно в чертовом улье. И ноги как ватные.

Пия склонилась надо мной. Я смотрел в ее карие глаза и не мог оторвать взгляд: казалось, он заблудился там в глубине и пропал. Пия нахмурилась и дотронулась прохладной рукой до моей рассеченной брови. Словно восточная целительница. Пальцы ее пахли рыбой.

— Швы, по крайней мере, накладывать не придется, — заключила она.

Тут подоспел Классе с бутылкой лимонада и кексом. Он водрузил их мне на живот.

— Вот, это всё — тебе, — сказал он, словно это было последнее причастие.

— Здорово, — ответил я слабым голосом.

— Лежи и не шевелись, — велела Пия. — Может, у тебя легкое сотрясение мозга. Я пока остановлю кровь.

Она взяла розовое махровое полотенце, смочила его в морской воде и приложила к ране. Полотенце закрыло мне лицо. Этим самым полотенцем она вытирала свое тело, подумал я. От этой мысли у меня снова закружилась голова. Я вдыхал ее запах. Сладковато-кислый, как чай с молоком, медом и лимоном.

Я постарался затаить дыхание, чтобы получше запомнить его.

— Держи-ка сам полотенце, а я пойду выпотрошу щуку, — сказала Пия, когда я наконец выдохнул. — Спасибо, что не упустил ее. Она, наверное, килограммов шесть весит.

— Не меньше.

Немного погодя я приподнял полотенце и отыскал взглядом Пию. Она сидела на корточках и потрошила рыбу. Вспорола брюхо, вынула внутренности и разложила всё на земле.

— Это селезенка, это желудок… это желчный пузырь, а это плавательный — чтобы рыба могла оставаться на определенной глубине. А вот и сердце…

— Ловко у тебя получается, — похвалил я.

— Когда вырасту, стану операционной медсестрой, — улыбнулась Пия.

Я лежал и восхищался ее хирургическими способностями. Указательным пальцем Пия вытащила из брюха все оставшиеся пленки, а затем промыла его морской водой. Ей помогали одетые в белое ассистенты — чайки и крачки. Они кружили над ее головой и ждали, когда можно будет поживиться потрохами. Я посмотрел на рыбье сердце, оно лежало на земле передо мной и все еще билось, хоть и умерло.

Мое сердце тоже билось.

— Я тебе нравлюсь? — спросила Пия между делом.

На всякий случай я приподнял голову. Вдруг ей захочется меня поцеловать? Но она сменила тему:

— У тебя наверняка сотрясение мозга.

И швырнула щуку в лодку. Я с невозмутимым видом отпил глоток лимонада, а потом протянул ей бутылку.

— Посмейся чуть-чуть, а? — попросил я.

— С чего это мне смеяться? — удивилась она.

— Ну, просто так, пожалуйста.

— Не над чем тут смеяться, — отрезала Пия.

После этого мы недолго оставались на острове. Пия поймала свою гигантскую рыбину и была довольна уловом. Классе нашел двух новых жуков и тоже был доволен. А я отделался сердцебиением и рассеченной бровью. Но радовался больше всех.

Глава 5

Мне напоминают то, о чем я забыл

Прошло несколько дней. Я лежал на тахте в кормовом салоне, где спали ночью мама и папа, и смотрел, как танцуют пылинки в луче света, проникавшем в окно. Я представлял себе, что это луна и планеты кружатся в космосе.

Над одним глазом у меня был наклеен пластырь, что придавало мне вид человека бывалого, мужественного и повидавшего мир. Так мне, по крайней мере, казалось.

— Мальчик мой, что с тобой стряслось? — всполошилась мама, когда я явился домой с рассеченной бровью.

— Ты что, подрался? — заинтересовался дедушка.

— Да, — ответил я.

— С рыбой, — вставил Классе — он провожал меня до дома.

Моего брата это страшно развеселило. Классе иногда такое может ляпнуть! Папа нехотя поднялся с шезлонга, отложил журнал и промыл мне рану 96-процентным медицинским спиртом, а потом заклеил пластырем. После этого он снова уселся в шезлонг и погрузился в разгадывание кроссворда. Он грыз кончик карандаша и чесал за ухом. Это он называл отдыхом.

— То, что можно получить на большой высоте, четырнадцать букв, — пробормотал он.

— Сколько букв? — спросила мама.

— Четырнадцать.

— Тогда я знаю, — сказала мама.

— И я, — вставил мой брат.

— Ничего вы не знаете. И помолчите оба, бога ради! — рассердился папа.

Я пошел в кормовой салон и стал рассматривать себя в зеркало, размышляя, чем бы рассмешить Пию. На следующий день я отправился в подвал и взял двадцать старых номеров «Лучшего». Это такой журнал, где печатают разные рассказы, статьи о природе, страшные истории о войне и веселые анекдоты под рубрикой «Юмор в форме».

Очень смешные.

Сначала я лежал и посмеивался про себя. Потом заучил одну историю наизусть, встал перед овальным зеркалом, что висело над комодом, и попробовал ее рассказать.

— Один солдат нашел как-то раз в лесу камень… — начал я.

Тут в коридоре зазвонил телефон. А вскоре в комнату без стука вошла мама.

— Веселишься, значит, — сказал она.

— Да вот, разучиваю всякие смешные истории, — объяснил я. — Хочешь послушать?

— В другой раз. Сейчас мне не до шуток. Мне надо с тобой поговорить. Знаешь, кто это звонил?

— Нет.

— Мама Перси. Она была в прекрасном настроении.

— О нет! — простонал я.

— Да, — подтвердила мама. — Она так радовалась: ведь раз Перси приедет к нам погостить, они с мужем смогут пойти в поход, совсем как в молодости — с палаткой и все такое. Она спрашивала, что Перси взять с собой, когда он завтра отправится к нам.

— Завтра?

— Именно так, — сказала мама. — Ну почему ты не предупредил нас заранее, сынок?

— Я об этом совсем забыл, — признался я. — У меня тут и без того забот невпроворот.

И это была чистая правда.

Любовь заставляет вас запоминать всякие мелочи, которые обычно быстро исчезают из памяти: взгляд, прыжок в воду, смех, движение руки, запах полотенца. Но всё прочее совершенно забывается, например то, что ты пригласил лучшего друга погостить на острове, в доме своего дедушки, злющего и сердитого на весь мир.

Я уже и не рад был, что пригласил Перси. А вдруг он только всему помешает — собиранию жуков, любви?

Мама покачала головой.

— Нельзя забывать такие вещи! Но у нее был такой радостный голос, мне не хотелось огорчать ее.

— Угу, — кивнул я.

— Ну что я должна была ей сказать? У меня просто слов нет! Что теперь делать — ума не приложу. Да к тому же завтра твой день рождения.

— Правда? — спросил я.

— Не прикидывайся дурачком. Ладно, поговорим об этом за обедом.

И она вышла из комнаты. А я выудил из кармана вставную челюсть и сунул в рот. Посмотрел на себя в зеркало, и мне показалось, что зубы улыбаются сами по себе. Просто смех! Ха-ха!

Я попробовал посмеяться хриплым смехом. Чтобы чуть-чуть себя подбодрить. Никогда прежде не забывал я про свой день рождения!

Что я делал потом?

Пошел на двор, собрал в пакет двенадцать личинок капустницы и отдал их дедушке. Даром. Принес два ведра воды из колодца. А потом сбегал в магазин и купил пачку сигарет для бабушки. Даже предложил помочь папе с кроссвордом, но он отказался.

Но, несмотря на все мои усилия, настроение за столом царило мрачное. В школе, что была по соседству, учитель разучивал похоронный псалом. Дедушка жевал котлеты. Все остальные ели треску в белом соусе. Кто хотел, мог положить себе хрен. Бабушка ела рыбью голову, ловко выуживая вилкой мозги.

— Что? Еще и Перси сюда заявится? — возмущался мой брат. — И где этот придурок будет жить? Разве мало того, что мне приходится делить комнату с этим жиртрестом?

И он указал на меня ножом.

— Ну-ну, Ян, — вступился папа. — Ульф совсем не толстый. Просто крепкого телосложения. Хотя нельзя не признать, что он не больно-то удачно всё устроил. Ульф, ты не можешь своевольно решать такие вопросы. Понимаешь?

— Угу, — кивнул я, хотя и не понял, что значит «своевольно». Но догадывался, что ничего хорошего.

— Я не ослышался? Сюда еще кто-то нагрянет? — крикнул дедушка. Он плохо слышал, особенно за едой.

— Да, школьный товарищ Ульфа! — громко ответила мама. — Очень милый мальчик. Его зовут Перси. Он приплывет двенадцатичасовым пароходом.

— Еще один сопливый щенок! — заорал дедушка так, что соус брызнул у него изо рта. — За что вы принимаете этот дом? За приют для всяких маленьких паршивцев? Пусть только попробует действовать мне на нервы, живенько отправится восвояси — следующим же катером! Ясно?

— Ну почему ты вечно так? — вступилась бабушка.

— Потому, — буркнул дед и зажевал пустым ртом. — Потому, потому... что я хочу, чтобы меня оставили в покое!

И он ушел из-за стола, прихватив котлеты.

Бабушка откинула красивую прядь седых волос, упавшую на лоб. Потом высосала вареный рыбий глаз. Она считала, что это самое лакомое у трески. Картинка пострашнее, чем любой фильм ужасов. Но в этот раз мне было не до нее. Я думал о Перси.

Он еще даже не приехал, а уже всех против себя настроил.

— Завтра, между прочим, мой день рождения, — проговорил я тихо.

— Ага, но не рассчитывай на гору подарков, — предупредил брат.

— Я и не рассчитываю.

Да, хуже нет, если у тебя день рождения в июле. Выбор подарков в местных магазинах невелик. Обычно всё заканчивалось альбомом для рисования, коробкой восковых мелков, куском деревенского сыра и шоколадным кексом. Сыру я всегда был рад. Я люблю сыр. Иногда, впрочем, мама с папой привозили мне что-нибудь из города.

— Я тебе подарю «лошадиный укус», — прошептал брат.

«Лошадиный укус» — это когда тебя ущипнут за ногу, больно-больно.

— Спасибо, — сказал я.

— Спасибо за обед. Очень вкусно, — громко поблагодарил папа, хотя оставил половину порции на тарелке.

Мама мыла на кухне посуду. Папа снова занялся своим вечным разгадыванием кроссвордов. Бабушка уселась в любимое кресло у окна. Она сидела, смотрела на деревья и море и курила сигарету в длинном мундштуке.

Дым колечками поднимался к потолку, такому же голубовато-белому, как ее волнистые волосы, подколотые валиком, который мама называла «поросячьей спинкой». Но мне всё равно эта прическа казалась очень красивой.

Бабушка держала спину прямо и была похожа на актрису из французского фильма.

— Сделай колечко, — попросил я.

Бабушка молча пустила еще одно кольцо дыма. Я встал у нее за спиной и тоже поглядел в окно. Дедушка в старой перепачканной шляпе выкапывал из земли очередной камень. Это было его постоянное занятие. Он выкорчевывал камни, чтобы освободить землю для посадок.

Дедушка отбрасывал землю резкими сердитыми движениями.

— Бабушка, — проговорил я.

— Чего тебе?

— А почему дедушка всё время такой сердитый?

— Уж каков есть, — отвечала она.

— Он что, всегда таким был?

— Ну, поначалу-то нет, — сказала бабушка, помолчав немного. — В самом начале, когда мы познакомились… тогда он был веселый. Надеялся, что я полюблю его так же сильно, как он меня.

— А ты не полюбила?

На это она ничего не ответила. Только послала еще один дымовой сигнал.

— Почему же тогда ты вышла за него замуж?

— Ну, ты же знаешь, какой он.

— Какой?

— Упрямый, — сказала бабушка. — Как вобьет себе что в голову, так не отступится. Вот я и думала… Что я, интересно, думала? Надеялась, наверное, что раз он моряк, то мы будем редко видеться.

— А он?

— Он действительно много плавал. Это так… А возвращаясь домой, каждый раз привозил мне подарки, сам их делал. Смотрел на меня и ждал, что я обрадуюсь. Но как показать, что радуешься, когда на душе кошки скребут?

— Не знаю.

— Ну еще бы! Надеюсь, с твоим приятелем всё обойдется, — вздохнула бабушка.

— Я тоже.

В тот вечер я лег спать пораньше. Закрыл глаза и попытался представить, как рассказываю Пии анекдот, а она смеется-заливается и в конце концов падает от смеха прямо мне в объятья. Но у меня ничего не вышло. Вместо этого мне приснился Перси. Он стоял на носу парохода, махал мне и кричал:

— А вот и я, Уффе!

«О господи», — подумал я.

Глава 6
Я встречаю Перси, а дедушка разбивает стул

Перси прибыл на следующий день двенадцатичасовым катером. Лил дождь и дул сильный ветер. Я ждал его на причале, раскрыв над головой дедушкин зонт. А Перси стоял на носу и махал мне.

— А вот и я, Уффе! — крикнул он еще до того, как катер пристал к берегу.

Я не знал, радоваться мне или нет.

Перси был в коротких штанах, сандалиях и трикотажной шапке, в руках он держал небольшую сумку. А на талию он нацепил пробковый спасательный пояс.

— Ух, наконец-то я сюда добрался! — сказал он, спрыгнув на землю. — Я так ждал этого дня! Мама испекла для нас полосатый тигровый кекс. Смотри, что мне дал двоюродный брат.

Он с гордостью указал на пробковый пояс.

— Ты что, не снимал его всю дорогу? — спросил я.

— Ну да, была охота утонуть! Я обещал отцу, что научусь плавать и смогу проплыть двадцать метров. А он сказал: посмотрим-посмотрим. И посмотришь, пообещал я. Мы поспорили на пятьдесят крон. Что скажешь?

Я ничего не сказал.

Мы чуть-чуть помутузили друг дружку — просто в шутку, ведь мы так долго не виделись. Потом мы прошли мимо будки у пристани. Там внутри я вырезал сердце, а в нем надпись: УЛЬФ + ПИЯ = ЛЮБОВЬ. Я вырезал это под скамейкой, чтобы никто не увидел.

А на стене большими буквами написал:

Сердце разбито — что ж, не беда!
Карлсона клей поможет всегда!

Но всё это я Перси показывать не стал. Мы даже не заглянули внутрь. Просто прошли мимо старых кораблей, догнивавших на берегу, а потом побрели вверх по крутому склону к нашему дому.

Перси натянул шапку на уши и стучал зубами от холода.

— На мой день рождения почти всегда идет дождь, — сказал я, оправдываясь.

— Ну да, поздравляю, — процедил он. — Подарка я тебе не привез. Решил, что сам буду подарочком.

— Так и есть, — согласился я. — Пойдем поздороваемся с дедушкой. Только не забывай, о чем я тебя предупреждал.

— О чем?

— Будь с ним повежливее, а то чуть что ему не по душе — он из себя выходит.

— Не волнуйся, — сказал Перси и обнял меня. — Долго еще идти?

— Нет, уже пришли.

Мы взобрались на холм, и прямо перед нами вырос наш белый дом. Перси застыл на месте и опустил сумку прямо в лужу. Он разглядывал башенки с эркерами. И террасу с оградой на крыше.

— Ни фига себе хибарка! Да это же настоящий дворец!

— Называй как хочешь, — ответил я. — Ну, входи же.

Несмотря на ливень, дедушка стоял на коленях, которые у него вечно болели, и собирал клубнику для торта. Сам он тортов не любил.

И ползать под дождем, мокрый до нитки, тоже.

Ему пора было есть простоквашу.

Мы сидели в бабушкиной каюте и слушали мерное тиканье напольных часов и упрямый стук дождя по крыше. Взрослые собирались пить кофе. А тем, кто до кофе еще не дорос, полагался малиновый сок.

Когда мы уселись за стол, дедушка указал скрюченным пальцем на Перси:

— Ага, так это ты — Перси!

— Да, — подтвердил Перси.

— Говорят, ты хороший мальчик, — продолжал дедушка. — Раз так, налей-ка мне простокваши в тарелку. Простокваша в холодильнике. Тарелка — в шкафу. Ложка — в выдвижном ящике. Сахару я кладу столовую ложку. И побольше имбиря. Банка с имбирем — на полке со специями. Ну, пошевеливайся, парень!

— Есть, капитан, — кивнул Перси, хотя дедушка был всего лишь старшим механиком.

Повозившись немного, он вернулся с полной тарелкой простокваши и отдал честь.

— Не паясничай! — одернул его дедушка. — Заткни-ка лучше рот тортом.

Пока Перси был на кухне, мама поставила в торт свечи и зажгла их. Я задул все с первого раза, как и положено. Теперь можно было загадать желание.

Я знал, что загадаю.

— Ну, что ты себе пожелаешь, Ульф? — спросила бабушка.

— Это же нельзя говорить вслух, а то не сбудется, — напомнил я.

— Но это начинается на П и кончается на Я, а в середине И — так? — сказал брат и постучал ложкой по тарелке.

— Вовсе нет, — отвечал я. — Я загадал паровой каток, чтобы тебя им переехало и только мокрое место осталось.

— Не ссорьтесь, — сказал папа. — Не забывайте: у меня отпуск.

Об этом я думал меньше всего. Я налегал на торт. Мама сама его испекла и украсила взбитыми сливками. Все, кроме дедушки, уплетали за обе щеки. А дед предпочитал простоквашу с имбирем. Вдруг он чихнул, да так, что с торта чуть не слетели клубничины. А он всё чихал и чихал. Даже покраснел весь. Под конец он сам стал похож на клубнику: круглое лицо и лысый череп совсем без волос, только у ушей немного осталось.

— Это твоих рук дело? — доев, напустился он на Перси.

— Что?

— Не отпирайся! Кто насыпал мне в тарелку перец вместо имбиря? Ты?

— Да, — признался Перси.

— Он просто спутал, — вступился я. — Он ведь никогда прежде не был у нас на кухне.

— Я не спутал, — сказал Перси. — Я пошутил.

Услышав это, дедушка вскочил и уставился на него так, словно хотел просверлить взглядом.

— Ты что, меня не боишься?

— Не-а, — ответил Перси и тоже поднялся.

— Не смей мне дерзить! — заорал дедушка и топнул ногой.

— Вы что, шуток не понимаете? — удивился Перси.

Тут дедушка схватил стул и поднял его над головой. Стул был старинный, дубовый, с кожаным сиденьем, резными львиными головами на спинке и львиными лапами на концах ножек.

— А теперь? — гаркнул дед. — Теперь испугался?

— Нет, — сказал Перси.

Тогда дедушка как шарахнет стулом о стол, так что сиденье треснуло. Кофейные чашки и стаканы подпрыгнули, а ножки стула отломились. Брат побледнел. Я тоже. И даже папа.

— Ну? А так страшно? — спросил дедушка в наступившей тишине.

— Нет, — ответил Перси.

Я боялся поднять глаза. Но и взглянуть очень хотелось. Ноздри деда раздувались. Он стиснул зубы так, что вставная челюсть заскрипела. Напудренные дамы на картине над диваном чуть в обморок не попадали. А Перси — хоть бы хны! Стоит себе, задрав голову.

И тут дедушка рассмеялся:

— Черт! А ты не робкого десятка. Пошли в мастерскую, надо стул починить.

Я поплелся за ними следом. У дедушки в мастерской — тысяча инструментов и всяких полезных вещей: пилы, стамески, отвертки, тракторные покрышки, мастерки, кирки, кувалды, тиски, лопаты, цемент, ломы, медная проволока, рулоны толя. Да еще два ящика кривых гвоздей, которые он выпрямлял, когда руки доходили.

Дедушка с Перси склонились над верстаком и принялись прилаживать ножки.

— Ну и грохоту было, верно? — улыбнулся дедушка.

— В жизни ничего громче не слышал, — подтвердил Перси. — Хотите, я здесь саморез ввинчу?

— Ага, давай, — согласился дед.

Они склеивали сиденье. Я тоже помогал. Похоже, дедушка был доволен, что у него теперь два помощника. Когда мы всё доделали, дождь кончился. Над заливом засияла радуга — словно в честь моего дня рождения.

— Ну, славно мы поработали, — сказал дедушка и похлопал Перси по плечу. — Приходи еще, будем вместе гвозди выпрямлять.

— Здорово! Приду, — кивнул Перси.

Когда мы вернулись, Янне стоял на кухне и вытирал тарелки. Он зыркнул на Перси и сделал вид, что разговаривает с двумя мухами, которые жужжали над плитой.

— И с этим придурком придется теперь жить в одной комнате, — процедил он.

Мухи ничего не ответили.

— Да мне по барабану. Я могу спать где угодно, — отозвался Перси. — Я привычный.

— Располагайся в моей комнате, — предложил дедушка.

— Спасибо, — поблагодарил Перси.

Брат за его спиной ухмыльнулся и зажал нос.

Глава 7

Мы находим веру, надежду и любовь в дровяном сарае и узнаем о Буффало Билле

Перси попросил меня показать ему окрестности. Ему не терпелось узнать, как всё устроено на острове. Я показал ему наш туалет, где пауки сплели на окнах кружевные занавески. А еще подвал, насос и платяной шкаф, где пахло нафталином и где за старым бабушкиным зимним пальто хранилось настоящее ружье. Потом мы отправились к полуразрушенному лодочному сараю на берегу и осмотрели прогнившую парусную лодку.

— Это папа построил в молодости, — объяснил я.

— Может, приведем ее в порядок? — предложил Перси.

— Да ну, — отмахнулся я, — пойдем лучше к дровяному сараю.

Перед сараем стоял чурбан для колки дров, из которого торчал топор. А внутри был ящик для угля и гора неколотых поленьев.

Когда мы открыли дверь, в глубине что-то блеснуло.

— Что это? — спросил Перси.

— Ты о чем?

— Да вон же, блеснуло.

Я догадался, о чем он. Дедушка не любил вспоминать об этом. Но папа мне рассказал.

— Это всякие штуки, которые дедушка мастерил в подарок для бабушки, когда ходил в море.

— Дай-ка я посмотрю, — оживился Перси.

Его вечно манило всё блестящее.

Мы вытащили на улицу медный стол с латунными ножками. На столешнице были видны следы дедушкиного молотка. Медь и латунь изрядно потускнели, но все равно выглядел он классно. С торцов дедушка приделал тоненькие изогнутые латунные трубочки, которые образовывали бабушкины инициалы: Э. С. — Эрика Старк.

А еще мы откопали в дровах медный четырехлистный клевер — с крестом, якорем и сердцем из латуни.

— Это означает веру, надежду и любовь, — объяснил я.

На листьях клевера были приделаны овальные фотографии. «Эрике в день ангела» — было выгравировано там витиеватым почерком.

— Кто это такие? — спросил Перси, кивнув на фотографии.

— Дедушка и бабушка в молодости, — объяснил я. — А это папа и его сестра в детстве. Вот ведь уродство, да?

Но Перси так не считал. Он с восхищением разглядывал дедушкину работу. Изучал всё до малейшего винтика:

— Полюбуйся-ка на эти заклепки! А как шляпки обточены! Над ними, поди, целую вечность пришлось потрудиться.

— Может быть, — согласился я. — Но всё равно некрасиво. Вот бабушка и не захотела оставить это в доме. Спрятала здесь. Давай-ка лучше уберем всё на место.

Но мы не успели, потому что тут пришел дедушка. Он приволок ветку и собирался ее распилить. Увидев нас, он опустил ее на землю и уставился на медный клевер.

Потом сглотнул и отер лоб.

— Чем это вы тут занимаетесь! — проворчал он. — Давно пора выбросить этот хлам! Вышвырните его отсюда! Видеть его не хочу!

— А мне нравится. Давайте я его лучше почищу, — предложил Перси.

— Нет уж! Хватит, натерпелся! — заорал дедушка. — Что я сказал? Прочь! Молчать! Пошли вон!

Мы отбежали на почтительное расстояние. А оглянувшись, увидели, как дедушка поднял стол и со всей силы швырнул его в раскрытую дверь. Следом полетел и клевер с фотографиями. Мы пошли в дом.

— Ты сегодня ухитрился дважды разозлить дедушку, — сказал я. — Зачем ты насыпал ему перца вместо имбиря?

— Да я просто банки перепутал, — объяснил Перси. — Случайно. Но не признался, чтобы он не подумал, будто я струсил.

В тот вечер мы достали карты и сели играть в Черного Петтера, потому что я сказал, что, когда живешь на острове, принято играть в разные настольные игры. Сыграли три партии. Брат сидел с нами — в честь моего дня рождения. Он сдавал карты, ведь это он их купил. Я уже дважды продул.

— Да, не везет так не везет, — сказал Янне, когда я проиграл и в третий раз. — Ты ведь не очень расстроился?

— Нет, — ответил я. — Я уже взрослый.

— Может, тогда еще разок? — предложил брат.

— Хватит! — крикнул дедушка из капитанской каюты за стеной. — Я ложусь спать. Терпеть не могу карты! Иди сюда, Перси. И ты, Ульф, тоже!

Он велел нам принести надувной матрас из кладовки. Мы его еле-еле надули, даже голова закружилась. И положили на пол в дедушкиной комнате. На нем должен был спать Перси. Потом помогли дедушке развязать ботинки. Сам он не мог дотянуться до шнурков. Когда он ходил в море, шнурки ему завязывал и развязывал специальный мальчишка-юнга.

— Живот мешает, — объяснил дедушка. — Что скажешь: толстый я?

— Ага, — кивнул Перси.

— Так и есть. Хочешь, покажу одну штуку?

Он подошел к письменному столу. Там было три ящика, один — заперт на замок. Мне это было хорошо известно: я не раз пытался его открыть. Дедушка дунул в кулак, а когда разжал его, внутри оказался ключ. Мне он прежде никогда этот фокус не показывал. Я и не догадывался, что он умеет делать такие штуки. Дедушка отпер ящик и достал оттуда монетку.

— Знаешь, что это такое? — спросил он Перси.

— Конечно, знает, — сказал я. — Это монетка.

— Да, но не простая. Это серебряный доллар. И не обычный серебряный доллар, а особенный. Вот, посмотрите.

Дед указал разбитым ногтем на середину монеты.

— Тут вмятина, — заметил Перси.

— Это след от выстрела Буффало Билла, — объяснил дедушка.

И он рассказал нам про Буффало Билла.

Я впервые услышал эту историю. Дедушка так увлекся рассказом, что даже перестал чертыхаться.

— На самом деле Буффало Билла звали Уильям Ф. Коди. Но он называл себя Буффало Билл, так ему больше нравилось. Это был знаменитый охотник на бизонов, следопыт и искатель приключений на Диком Западе.

Были еще Дикий Билл Хикок и Джек-Техасец. Но с ними дедушка никогда не встречался.

— Буффало Билла я увидел в Лондоне, — рассказывал дедушка. — Он выступал со своим всемирно знаменитым «Цирком Дикого Запада». Они гастролировали по миру. Пока наше судно стояло в порту, я трижды ходил на их представление. Даже продал цепочку от часов, чтобы хватило на билет.

— Здорово было? — спросил Перси.

— Здорово?! Потрясающе! Дикие бизоны мчатся прямо на тебя. Индейцы, ковбои! Какие они трюки выделывали! Никогда ничего подобного не видел. Буффало Билл скакал на белом коне и стрелял лучше всех. Ему подбрасывали в воздух монеты, и он попадал в каждую. Я поймал вот эту.

Дедушка подкинул монетку и сразу поймал ее.

— Я ее не продам и за тысячу крон, — добавил он. — Это память. Я потом спросил Буффало Билла, хочет ли он получить ее назад. «*No, no,* — ответил он. — *Just keep it*»[1].

1 Нет, нет. Оставь себе *(англ.)*.

— Так ты с ним взаправду разговаривал? — спросил я.

— Конечно, — кивнул дедушка. — И руку ему жал. У него были такие белые перчатки с крагами. *«Nice to meet you»,* — сказал он мне. Это значит: рад был познакомиться.

Вспомнив это, дед улыбнулся. И убрал монетку в стол.

— У меня и фотография его осталась. Там он в ковбойской шляпе сидит на лошади и улыбается. Я попросил его подписать карточку для бабушки, и он написал: *«To Erika Stark with love, yours Buffalo Bill»*[2]. Не знаю, сохранила ли она ее. Но мне, по крайней мере, она призналась, что никого шикарнее в жизни не видела.

— Почему же ты, дедушка, никогда мне об этом не рассказывал? — спросил я.

Это несправедливо! Стоило Перси приехать да раздразнить его, и пожалуйста — дедушка поведал ему все свои тайны.

— Не знаю. Всё как-то не складывалось.

— Вот именно! — упрекнул я.

— Я бы мог почитать вам отрывки из его мемуаров, — предложил дедушка. — Это самая интересная

2 Эрике Старк с любовью, Буффало Билл *(англ.)*.

книга на свете. Вот только глаза у меня теперь никуда не годятся. Может, ты почитаешь нам вслух, Перси?

— Ладно, — согласился тот.

Дедушка достал мемуары Уильяма Ф. Коди, и Перси начал читать.

В школе он вечно запинался и путался, когда читал вслух. А вот теперь у него получалось складно, как у какого-нибудь диктора на радио. Перси читал о том, как отец Буффало Билла, когда тот был еще маленьким, перебрался с семьей в Канзас. И там так досаждал рабовладельцам, что однажды получил страшный удар в спину.

— «Я решил, что отец ранен смертельно, — читал Перси. — Нож задел почку, рана была жуткая. Но он не умер — в тот раз. Мы его долго выхаживали, и если бы рабовладельцы его больше не трогали, он наверняка бы поправился. Но это было только начало».

Когда Перси дочитал до этого места, дедушка захрапел. Храп его был похож на топот стада бизонов. Перси сунул книгу под голову и вытянулся поудобнее на надувном матрасе.

— Здорово ты читал, — похвалил я. — Ну, до завтра.

— Веселый у тебя дедушка!

— Думаешь?

— Ага. Веселый и злющий.

— Верно, в нем всего намешано понемногу. Спокойной ночи!

Я проскользнул в нашу дамскую каюту и вскарабкался на верхнюю койку.

— Твой приятель долго там не протянет, — прошептал брат. — Дедушка скоро его своим пуканьем доконает.

— Ничего, он выдержит, — отвечал я. — Заткнись, я спать хочу.

Мне хотелось поскорее заснуть, чтобы увидеть во сне — догадайтесь, кого?

За ночь я дважды просыпался от кашля учителя, что жил по соседству. Проснувшись, я попытался вспомнить сладковато-кислый запах Пии.

Но ничего не получалось: как такое вспомнишь?

Особенно если твоя комната рядом с дедушкиной.

Глава 8

Мы подсматриваем за нудистами и добываем еще одного жука

Когда я проснулся на следующее утро, Перси в доме не было.

Он перебрался спать на улицу. Устроился в цветастом гамаке перед домом: лежал, завернувшись в старое бабушкино пальто, похожий на куколку бабочки-капустницы. Вместо подушки он позаимствовал бабушкину меховую муфту, а на голову натянул ее белую фетровую шляпу.

Перси лежал на спине, смотрел в небо, улыбался и слушал, как учитель музицирует с утра пораньше.

— Привет, Уффе, — сказал Перси, не повернув головы в мою сторону. — Выспался?

— Чего это ты тут разлегся? — спросил я. — Не смог с дедом и одну ночь выдержать?

— Почему не смог? Просто захотелось полежать здесь и полюбоваться на все эти звезды. Тут у вас небо совершенно не такое, как в городе. Черное-пречерное. И кажется, всё видно до самого космоса. Ну, чем займемся?

Ему постоянно надо было чем-то заниматься.

Он уже успел наколоть дров и принести воду.

— Хочешь, сплаваем на лодке, — сказал я. — Это обычное занятие, если живешь летом на острове. Только сперва надо позавтракать.

— А может, в море и перекусим? — предложил Перси. — Так будет быстрее.

— Ладно, — согласился я.

Мы взяли бутылку с питьем и тигровый кекс, который Перси привез из дома. А еще дедов морской бинокль. И припустили вниз к морю. Перси обвязал вокруг пуза пробковый пояс, он ведь обещал своей маме, что не утонет.

— Я же у нее единственный ребенок, — объяснил он. — А где мы лодку возьмем?

Лодку мы взяли на берегу — Эстерманов ялик: всё равно он больше на нем не ходит. «Только бы никто из моих приятелей нас не засек», — думал я. И нам повезло: когда мы садились в лодку, поблизости никого не было. На самом деле я немножко волновался, как ребята примут Перси. Конечно, он отличный друг, лучше и представить нельзя. Но с ним бывает непросто.

— Если нам кто повстречается, лучше помалкивай, — предупредил я.

— Почему? — удивился Перси.

— Ну, здесь так принято. У местных.

Мы отдали концы и отправились в море. Но далеко не уплыли, потому что Перси вызвался грести. Он как сумасшедший молотил веслами по воде, так что ялик всё крутился и крутился на одном месте.

— Классно получается! — вопил Перси, сияя от счастья и натуги. — А когда ты научился так здорово грести?

— В пять лет. Следи-ка за веслами.

Ну и, конечно, вскоре на берегу появилась Пия. Вышла прогулять своего красноглазого кокер-спаниеля. Она остановилась, наблюдая за нами, а пес тем временем принялся хлебать морскую воду.

— Как твоя голова? — крикнула она. — И кто это с тобой в лодке?

Я притворился, что не слышу.

Но Перси поднялся в полный рост и помахал ей веслом.

— Это *Я!* — заорал он. — Меня зовут Перси.

Тут я приналег на весла и постарался побыстрее отплыть подальше. Пия осталась стоять на берегу. Она, как индеец, смотрела нам вслед, прикрыв рукой глаза от солнца. Мне показалось, что они с псом смеются над нами.

— Кто эта девчонка? — спросил Перси.

— Пия, — ответил я. — Так, ничего особенного.

— А по-моему, симпатичная. Ладно, наплевать. Давай перекусим.

Мы улеглись на дно, позволив лодке дрейфовать, куда ей заблагорассудится. Над нами плыли веселые белые облака. Кекс немного подсох, но всё равно был вкусный. Мы по очереди отхлебывали из водочной бутылки, в которую налили молоко.

— Эх, и здоровское у нас будет лето! — радовался Перси.

— Поживем — увидим.

— Я хочу всё перепробовать. Чем занимаются летом на острове?

— Да много чем.

— А какое у тебя было любимое занятие, когда ты был маленьким?

Я надолго задумался. Попробовал вспомнить, чем занимался все эти годы: плавал на самодельном плоту, который чуть не снесло в море, мастерил воздушных змеев, взлетавших высоко в небеса, к самому солнцу. А еще вспомнил, как сосало под ложечкой, когда я прыгал с сеновала у Самуэльсона, и как здорово было темными вечерами пугать до полусмерти соседку-акушерку.

— Ну, например, играть в индейцев, — сказал я наконец. — Следить за людьми и всё такое.

— Отлично, этим и займемся!

— Да с тех пор уже тыща лет прошла! Я тогда еще совсем маленьким был.

— А я никогда не играл в индейцев, когда был маленьким.

Ну что на это скажешь? Мы пристали к острову и нашли себе отличные перья — гаги и чайки.

— Я буду Счастливое Облако, раз я так счастлив, — заявил Перси и воткнул перо за ухо. А ты кто?

— Большая Задница, — буркнул я, чтобы до него дошло, как нелепо всё это звучит.

Но всё же сунул перо за ухо. А что, неплохо. Я вспомнил, как мы играли в индейцев. Как подожгли папин матрас, набитый конским волосом, как при помощи старого одеяла пускали дымовые сигналы и досигналились до того, что прикатила местная добровольная пожарная бригада. И как охотились на Эриксонову корову, пытаясь накинуть лассо ей на рога. А дрались мы так, что кетчуп летел во все стороны!

Отличные были времена! Уже два года с тех пор прошло.

— Ну, кого будем выслеживать? — спросил Перси.

Что ж, я знал кого.

Я старался грести как можно тише.

— Теперь — ни гугу, — предупредил я шепотом Перси, когда лодка скользнула в заросли камыша у самого берега.

— А на что здесь смотреть?

— Вот на что!

Я протянул ему дедов бинокль и указал на облупившийся коричневый дом примерно в двадцати пяти метрах от нас. Там жила парочка нудистов, они вечно разгуливали в чем мать родила. Дядька сидел в плетеном кресле и читал книгу, а тетка развешивала выстиранные простыни. На голову она повязала платок, но ниже была совершенно голая. Она повернулась к нам своей круглой попой.

Перси поднес бинокль к глазам и присвистнул.

В бинокль можно было разглядеть даже крохотные волоски на коже.

— Ну и бинокль — сила! — похвалил Перси.

— Ну что, насмотрелся? — спросил я немного погодя.

— Еще нет, — ответил он. — Пусть она сперва повернется.

Мне-то это занятие давно наскучило. Я их уже сто раз видел. Они были средних лет, тощие — ничего особенного. Но Перси-то всё было внове! Вот тетка повернулась к нам лицом, и теперь можно было рассмотреть ее сиськи. Точь-в-точь как у Евы на картинке в бабушкиной Библии.

— Черт, они не просто бледнолицые, они еще и бледнотелые, — прошептал Перси.

— Ага, — кивнул я. — Ну всё, давай отчаливать.

Перси повернулся ко мне.

— А раньше ты за ними подолгу следил?

— Да нет — столько же, сколько и сейчас.

— Ну, тогда и на этот раз достаточно.

Он сунул бинокль в футляр. Я начал отгребать назад. Но Перси захотелось напоследок крикнуть бледнолицым что-нибудь приятное:

— Спасибо за показ! Хоть у вас и смотреть-то не на что!

Я греб назад с такой скоростью, что у меня даже во рту пересохло.

Пришлось идти в магазин за лимонадом и ирисками. И кого же мы там повстречали, на холме перед Эриксоновым домом? Конечно же, Классе!

— А я как раз к тебе шел, Уффе, — сообщил он. — Где ты вчера весь день пропадал? Я тебя ждал, ждал. Ты что, заболел?

— Нет, мы ели клубничный торт в честь его дня рожденья, — встрял Перси. — А потом чинили стул и читали книгу про Буффало Билла.

— А ты кто такой? — спросил Классе, уставившись на Перси.

— Я Перси, — ответил Перси. — Лучший друг Уффе. Мы кровные братья. А ты сам-то кто?

Классе ничего не ответил. Он зажал пальцем одну ноздрю, а из другой выдул соплю. У него это ловко получалось.

— Его зовут Классе, — объяснил я. — Он мой лучший друг здесь на острове. Мировой парень. Курит «Честерфилд» и собирает жуков.

Тогда Перси отер правую руку о штанину и протянул ее Классе:

— Друг Уффе — мой друг. А много у тебя жуков?

Чудеса! Они пожали друг другу руки! Правда, в глаза старались не смотреть. Оба смотрели на меня.

— Тридцать четыре, — вздохнул Классе.

— А надо тридцать пять. Тогда ему позволят заниматься чем угодно, как нам всем. И у него начнутся настоящие каникулы. Так его папа решил.

— Дурацкая идея, — сказал Перси.

А Классе закусил губу и пнул ногой камень.

— Хотя все отцы такие, — добавил Перси. — Мой тоже вечно чудит. Ну, пойдем купим ирисок.

Мы вошли в магазин и купили пакетик конфет и две бутылки лимонада «Шампис», а заодно надышались вволю запахами дегтя, селедки, керосина и средства от комаров. Классе купил мне в подарок комиксы про Фантомаса в честь прошедшего дня рождения и снова пожаловался, что никогда ему не найти этого проклятого тридцать пятого жука. Он уже всё обыскал.

— А ведь завтра все будут играть в банку, — вздохнул он.

— Не унывай. Я всё устрою, — пообещал Перси и угостил его конфеткой.

— И как же? — поинтересовался Классе.

— Тебе, видно, фантазии не хватает. Пошли-ка к тебе домой, посмотрим, кого ты там насобирал.

До дома Классе было рукой подать. Надо было лишь немного подняться на горку. У деревенского почтового ящика стояли девчонки — Кикки, Пия и Гунбритт, читали вслух чужие открытки и хихикали. Они покосились на нас, когда мы проходили мимо. На Пии была красная майка. А на остальных я не обратил внимания.

— Чего это у вас перья в волосах? — усмехнулась Пия.

— Нет у нас никаких перьев, — сказал я и провел рукой по волосам. — Ах, черт, надо же!

Я поспешил снять индейское украшение. Но Перси свое перо не тронул.

— Мы играли в индейцев, — объяснил он. — Я — Счастливое Облако, а он — Большая Задница. Следили за парочкой бледнолицых.

Я покраснел как рак.

А девчонки еще громче захихикали.

— Просил же тебя держать язык за зубами! — прошипел я, когда девчонки остались далеко позади.

Мы расселись вокруг стола у Классе в комнате. Он разложил все свои картонки с приколотыми жуками. В углах красивыми маленькими буковками он

аккуратно написал их шведские и латинские названия. Перси взял лупу и разглядывал лапки, фасеточные глаза.

— Какие же они здоровские, — приговаривал он.

— Нравятся? — спросил Классе.

— Да, почти все. Но золотистая бронзовка — самая классная.

— Жук-носорог тоже ничего, — вставил я.

— Ага! — согласился Перси. — С ними можно в войну играть.

На лбу Классе появилась тревожная морщинка.

— Нам не до этого сейчас, — напомнил он. — Ну, и как же ты, с твоей великолепной фантазией, собираешься раздобыть последнего жука?

Перси хлопнул себя по лбу и сделал вид, будто задумался.

— Может, у тебя есть какие в запасе? — спросил он.

— Ну, парочка найдется, — признался Классе. — Я иногда ловил сразу по несколько штук, чтобы потом выбрать самого красивого. Да что толку? Это же должен быть совсем новый жук. Отец их всех наперечет знает.

— Это мы еще проверим, — сказал Перси и попросил Классе принести запасных жуков. А еще иглу, нож, щипчики и клей.

— Что ты задумал? — поинтересовался Классе.

— Увидишь.

Он всегда был рукастый, этот Перси. В первом классе лучше всех вышил крестиком наволочку. Вот и теперь, весело насвистывая, он отрезал голову у запасного усача и спинку — у мертвоеда. Потом отломил от булавки головку и насадил на иголку обе части. А для надежности еще капнул на место соединения чуть-чуть клея Карлсона.

— *Сердце разбито — что ж, не беда! Карлсона клей поможет всегда!* — сказал я.

— Точно, — кивнул Перси, любуясь своей работой. — Сгодится. Теперь пусть высохнет хорошенько. Вот тебе твой последний жук. Я же говорил, что всё устрою.

— И что же это за вид? — поинтересовался я, чтобы дать ему повод пошутить.

— Жук-спасатель-летних-каникул, — сказал Перси. — Пусть теперь твой папаша поломает голову.

Классе вертел этот шедевр и так и этак. Глаза его сияли. Он не знал, как благодарить Перси. Он хлопнул его по плечу и предложил ему две последние отцовские честерфилдины.

— Ты просто гений, честное слово! Теперь можно и в банку сыграть!

— В какую еще банку? — спросил Перси.

— Завтра увидишь, — пообещал я. — А сейчас нам пора домой обедать.

— Хук! — обрадовался Счастливое Облако.

Глава 9

Самый злющий конь в Швеции и миллионы звезд у нас над головами

— Мировой парень этот Классе, — сказал Перси.

— Ага, еще бы! — кивнул я.

Хотя я был недоволен, что Перси и Классе сразу так сдружились. Не знаю почему. Поначалу-то я боялся, что они не понравятся друг дружке, если встретятся. Но оказалось наоборот: их вроде водой не разольешь, а я и не рад.

Почему так?

Может, у меня начинается переходный возраст?

Мы сидели на берегу и чмокали печеными яблоками с имбирем — мама приготовила их на десерт. Я старался не показать, что у меня на душе кошки скребут. Мы смотрели на корабли, проплывавшие по заливу, пытались угадать, из каких они стран, и отбивались от комаров.

— Чудный денек! — радовался Перси. — Здорово мы в индейцев поиграли! А чем еще ты занимался в детстве, Уффе?

Я ответил, что всякое бывало. Только я не стану ему рассказывать, если он потом всем растреплет.

— С чего ты взял, что я стану трепаться?

— А вдруг забудешься?

— Схлопотать хочешь?

И он двинул меня в плечо. От этого мне немного полегчало. И я рассказал ему, как мы с приятелями строили хижины. И настроили их немало. Иногда — на деревьях, иногда — на земле.

— А мы построим с видом на море, — загорелся Перси. — Здесь, на скале. Прямо сейчас и начнем! И сможем спать там уже сегодня.

Дедушка недавно чинил причал. У него осталось много старых досок. Так что строительного материала у нас было достаточно. А в мастерской можно было найти всё, что нужно, — инструменты, гвозди.

Только мы собрались уходить, как появился дед.

— Куда это вы намылились с моими инструментами, шалопаи? — крикнул он, но не очень грозно.

— Перси захотелось построить хижину, чтобы мы спали там по ночам, — объяснил я.

— Ага, значит, ты всё же не выдержал моего обстрела? — спросил дедушка.

— Ну, не поэтому, — вежливо отвечал Перси.

— Да уж говори прямо, — потребовал дед. — Это всё проклятые газы в желудке виноваты. Вот и Эрика тоже не выдержала… Хотя поди тут разберись.

Он сплюнул и взвалил на спину мешок с цементом. Потом указал на кадку, мастерок, молоток и доски и велел нам сложить всё в ящик из-под пива.

— А теперь несите. Надо же вам как-то отрабатывать постой и кормежку!

— Куда это нести? — спросил я.

— Да к Эстерману, — отвечал дед. — Пора залатать его конюшню. Конь снова разбил южную стену. Подсобите мне с этой работенкой, а я потом помогу вам строить хижину.

— Договорились, — обрадовался Перси.

Они даже по рукам ударили. Перси хотел стать бизнесменом, когда вырастет.

Мы трудились в поте лица. Подавали дедушке инструменты. Перси оказался мастером на все руки, ему даже разрешили прибить несколько коротких досок. Я мешал строительный раствор, которым дедушка потом обмазывал разбитую стену. И всё время, пока мы работали, до нас доносился конский топот и фырканье. Чернобой был там внутри и время от времени дико ржал и бил копытами в стену, так что доски прогибались.

— Ну и бузотер! — с уважением заметил Перси. — Неужели он никогда не устает?

— Не, никогда, — отвечал я. — Чернобой — злющий конь во всей Швеции. Он разбивает стойло по меньшей мере два раза за год. Только Калле, его хозяин, осмеливается войти к нему, чтобы дать корма. И пастись его никогда не выпускают.

— Надо мне на него посмотреть, — решил Перси.

Всё стойло было в пробоинах, и мы пристроились к щели в двери. Перси даже дышать перестал. Вот он — Чернобой! Здоровенный, грязный и жутко страшный. Казалось, что от него исходят пучки света и проникают сквозь доски. Конь обернулся в нашу сторону. Белки его глаз блестели. Уши были прижаты. Он скалил большущие желтые зубы. А когда вздрагивал, то над спиной поднималось облако пыли.

— Но-но, парень, не бойся, — сказал Перси. — Это же я, Перси.

Чернобой заржал и ударил копытом в только что прибитую доску.

— Какого черта вы там делаете, мальчишки? — заорал дедушка. — Жить надоело?

— Не-а, — отвечал я.

— Да просто захотелось поздороваться с Чернобоем, — объяснил Перси.

— Хватит заниматься глупостями! — осадил нас дедушка. — Этак мы никогда не закончим.

Он заменил выбитую планку доской покрепче. Потом мы собрали инструменты.

— Почему этот Чернобой постоянно буянит? — спросил Перси.

— Да кто же знает, что у лошади в голове варится. Да и у человека тоже, — отвечал дедушка. — Может, затаил на кого обиду в сердце, чертов жеребец. Может, верил во что-то, надеялся, да обманулся.

— Ясно, — кивнул Перси.

— А я думаю, он с рождения такой, — сказал я.

— Не говори того, чего не знаешь, — одернул меня дедушка. — Можно было бы, конечно, его кастрировать. Да Калле не хочет. «Если так со всеми поступать, у кого норов крут, — заявил он мне, — тогда и тебе, Готфрид, несдобровать».

Дед довольно хмыкнул. Он в последний раз оглядел свою работу, отер лысину носовым платком и надел шляпу.

— Не очень ловко получилось, но сойдет — продержится. Ну что ж, ребятки, теперь можно приниматься за строительство хижины.

Мы пошли домой, но еще долго слышали, как Чернобой бьет копытами в залатанную стену.

Как будто сердце стучит в тишине.

Бум! Бум! Бум!

К наступлению сумерек мы успели сколотить остов хижины. Мы построили ее на самом красивом месте: между двух скал, с видом на вечернее небо. Оно щеголяло своими самыми красивыми красками и раскрашивало ими залив. Легкий бриз надувал брезент, который мы натянули вместо еще не сделанной крыши.

Перси притащил два матраса, набитых конским волосом, а я — подушки, одеяла, фонарик и пачку журналов.

— Вы что, в самом деле решили здесь ночевать? — спросил дедушка. — Хижина-то еще не достроена. Всего четыре столба, пара досок и огроменная дыра.

— Ничего, ночи теплые, — отвечал Перси. — И у нас с собой одеяла.

— Ладно. А как же Буффало Билл? — спросил дед.

— Сегодня тебе придется обойтись без чтения, — сказал я.

— А хотите, я прочту вам стихотворение? — предложил Перси.

— Какое еще стихотворение? — спросил дедушка. — «Ночь тиха»?

— Нет, — ответил Перси. — Вот такое, — и выпалил:

Буффало Билл как пернет в тиши,
Словно раздался взрыв в глуши.

Это рассмешило чаек. И дедушку тоже. У него был необычный смех: кха-кха-кха — как автомобиль, простоявший на холоде и не желающий заводиться.

— Черт побери, Перси, а ты не дурак! — похвалил дед.

— Знаю, — согласился Перси.

— Спокойной ночи, — пожелал нам дедушка и приподнял шляпу.

— Спокойной ночи, — ответили мы.

И дед пошел прочь — прямо на закат. Со спины он был похож на ковбоя.

За городом, как отметил Перси, ночи темнее. И звезды светят ярче. А луна словно ближе к земле.

Хорошо было лежать, болтать о том о сем и следить — вдруг заметишь летающую тарелку. Но в тот раз мы ее так и не увидели. Зато наговорились вдоволь — о том, как достроим нашу продуваемую всеми ветрами хижину. В наших мечтах она вырастала высотой с небоскреб. А еще мы мечтали, какие понакупим гоночные яхты, когда вырастем. И представляли, как обомлеет отец Классе, когда тот предъявит ему жука, которого смастерил Перси.

— Да у него лицо вытянется длиннее половика в коридоре! — прыснул я.

Мне удавались сравнения.

А потом Перси долго разглагольствовал о том, как здорово жить на острове. И какой у меня классный дедушка.

— И вовсе он не такой, как ты рассказывал. Он добрый.

— Да. Не знаю, с чего он так переменился, — согласился я. — Может, начинается старческое слабоумие.

— Что?

— Ну, это когда слишком много кальция в мозгах, — объяснил я. — В старости такое случается.

— Только не у него, — ответил Перси. — У него скорее уран в голове.

И мы оба покатились со смеху. Но тут я вдруг вспомнил смех Пии. Я всегда его вспоминаю, когда сам смеюсь или кто-то рядом. И я снова сделался серьезным. Полная безнадега.

— Что с тобой? — спросил Перси.

— Болтай поменьше.

— Да я вроде говорю не больше обычного.

— Всё равно держи язык за зубами, — сказал я. — Ты уже и так достаточно натрепал, когда мы были в поселке. Впредь лучше помалкивай. По крайней мере, когда девчонки рядом.

Перси посмотрел на меня. Он видел меня насквозь, все мои горемычные страдания.

— Ты что, втрескался в ту девчонку в красной майке, которую мы встретили у почтового ящика? — спросил он.

— С чего ты взял?

— А то! Ну же, признавайся!

Он вывернул мне пальцы, так что они хрустнули. От боли у меня даже слезы прыснули из глаз.

— Ну да, да, черт тебя подери!

— Я так и знал! — сказал Перси и отпустил мою руку.

— Признания под пыткой не считаются, — буркнул я и подул на пальцы. — Так записано в Женевской конвенции... Мне просто нравится, как она смеется.

— Я однажды влюбился в девчонку, у которой было косоглазие, — признался Перси. — Из нашего подъезда. Мы тогда жили в Эребру. Так скоро я и сам начал косить — просто от любви. У меня даже головные боли начались, и мама отвела меня к доктору. Я из кожи вон лез, а этой девчонке было на меня плевать. Ну и постепенно это у меня прошло. Вот увидишь, и у тебя тоже пройдет.

— Может быть, — вздохнул я. — Но вряд ли. А теперь заткнись-ка, мне надо выучить несколько анекдотов.

Я достал журналы, зажег фонарик и стал листать раздел «Юмор в форме». Я читал про себя. Лишь подхихикивал тихонько, как папа, когда подберет правильное слово в кроссворде.

— Читай лучше вслух, я тоже послушаю, — попросил Перси.

Я прочел ему анекдот про сержанта.

— Ну что, смешно? — спросил я, когда закончил.

— Неплохо, — кивнул Перси. — Давай еще.

Я прочел еще про капитана. А потом — про генерал-майора. Я всё читал и читал, пока Перси не заснул. Тогда я погасил фонарик. Над моей головой перемигивались тысячи миллионов звезд. Я смотрел на них и думал о том, что завтра, может, снова услышу хриплый смех Пии.

Если бы я только знал!

Глава 10
Любовь, крапива и уксус

Мы здорово наловчились играть в банку. Мы играли в эту игру каждое лето, как только Классе разделывался с очередным своим полезным заданием. Собирались на пустыре возле дома Эдлингов. Это самое подходящее место — там полно укромных местечек, где можно спрятаться. А внизу — заросший тростником залив, куда, если повезет, можно посылать мяч, которым мы заменили банку.

А еще там водились пиявки.

Я почистил зубы, вымыл голову, надел желтую махровую майку и синие короткие брюки — ну прямо шведский флаг! Перед выходом я попросил Перси вести себя потише:

— Старайся не привлекать к себе внимания.

— Ладно, — пообещал он.

Но когда мы пришли, все только на Перси и смотрели. Данне, Пия, Марианна, Биргитта, Классе, Бенке, Кикки, Бу-Стуре и Леффе с младшей сестренкой — все таращились на него, словно он Фантомас, Святой Дух и Эйнштейн одновременно.

Классе как раз успел растрепать про изобретательность Перси.

— Как же ты до такого додумался? — восхищенно спросила Пия.

— Додумался до чего?

— Собрать собственного жука, — пояснила Биргитта.

— Отличная идея! — похвалил Бенке.

— Да пустяки, — буркнул Перси. — А что, кстати, твой отец сказал?

— Что? Да он едва дара речи не лишился! — выпалил Классе. — Вскочил, схватил толстенную книгу и всё листал и листал ее, приговаривая: «Не этот, не этот». Потом помчался звонить каким-то специалистам. И с утра пораньше отправился в город, показать им жука. А перед этим дал мне двадцать пять крон.

Классе достал из кармана деньги и протянул Перси:

— Вот! Бери, они твои. По-честному.

— Оставь себе, — отмахнулся тот. — Я это не ради денег делал.

Тут уж ребята решили, что он еще и Иисус Христос в придачу. Каждый представился. Они чуть ли руку ему не жали. Смотреть было тошно.

— Рада новой встрече, — сказала Пия, махнув ресницами.

— Хватит уже, давайте играть! — крикнул я.

Мы посчитались. Леффе выпало водить. Как обычно. Он единственный из нас не способен рассчитать, куда встать, чтобы избежать этого. Вот и на этот раз Леффе, держа на руках сестренку, привычно поставил ногу на футбольный мяч Данне. Он закрыл глаза и стал считать до ста. А все остальные бросились врассыпную и попрятались — кто где.

Я не заметил, куда убежал Перси, потому что не спускал глаз с Пии. Когда Леффе выкрикнул: «Сто!», я метнулся к камню, за которым она спряталась.

— Ой, ты тоже здесь! — шепнул я. — Классное местечко!

— Тихо ты! — шикнула она.

Сперва Леффе нашел Биргитту — она, как обычно, решила перепрятаться, и Данне — он чихнул, потому что ему в нос залетел комар.

— Данне и Биргитта — чики-чики на банке! — крикнул Леффе.

Но тут из укрытия выскочил Святой Дух и стукнул по мячу так, что тот со свистом полетел вниз с крутого берега. Данне и Биргитта снова оказались на свободе, а Леффе пришлось начинать всё сначала. Так повторялось раз за разом: Леффе приходилось повсюду таскать за собой сестренку, поэтому он редко поспевал к мячу.

Всякий раз я прятался там же, где Пия.

— Прекрати! Опять куда я, туда и ты! — шипела она.

— Откуда я знал, что ты тоже здесь?

— Всё равно хватит!

Но я и в следующий раз снова оказался рядом с ней. Просто не мог удержаться. Меня к ней словно магнитом притягивало, а может, и силой всемирного тяготения или какие там еще есть силы. Когда Пия спряталась за уборной, я поспешил за ней.

И угодил в крапиву! Она там выросла большущая: такая высоченная, что доставала почти до локтей, если встать в полный рост.

Голые ноги и левую руку словно огнем обожгло. Я тихонько вскрикнул.

— Ты чего? — спросила Пия.

— Вот гадство, обжегся!

— Говорила же: не увязывайся за мной.

Она улыбнулась, увидев мои гримасы, и, казалось, вот-вот прыснет со смеху. Я решил, что настал подходящий момент.

— Хочешь, анекдот расскажу?

— Нет, спасибо.

— Почему нет?

— Потому что все твои анекдоты — скука смертная.

— А этот смешной. Вот послушай.

И я начал рассказывать про капрала. Но Пия лишь зевала, словно ее в сон клонило. Ну как тут пошутишь! Сам Чарли Чаплин с этим бы не справился.

— Хочешь, другой расскажу? — предложил я.

— Ты что, ничего не понимаешь?

— Нет.

Я решил пощекотать ее под мышками, чтобы хоть как-то расшевелить. Это вышло совсем по-дурацки. Но я не мог удержаться: мне так хотелось услышать ее хриплый смех! Я просто не мог уйти домой, не добившись этого.

Наконец она засмеялась, но это было совсем не то. В ее смехе не было радости.

Вдобавок нас сразу застукали.

— Пия и Уффе — чики-чики! — крикнул Леффе.

— Это всё из-за тебя! — завопила Пия и вырвалась из моих рук. — Идите все сюда!

И все сбежались на ее зов. Перси явился с соломой в волосах, дыркой на майке и улыбкой от уха до уха. Пия разозлилась не на шутку. Она тыкала в меня пальцем и топала так, что, казалось, вот-вот начнется землетрясение. Игру пришлось прекратить.

— Больше никогда-никогда не стану играть, если он будет с нами! — кричала она. — Придурок несчастный!

— Да он же просто в тебя влюбился, — попытался урезонить ее Перси.

— Заткнись сейчас же! — огрызнулся я. — Я ей всего лишь анекдот рассказал, а она не захотела слушать.

— Да они такие скучные, что умереть можно!

— Вовсе нет, — возразил Перси. — Вот послушай.

И он рассказал одну историю из тех, которые я прочитал ему накануне вечером. Одну из самых худших — об офицере, который должен был кинуть ручную гранату. И — надо же! — Пия смеялась до упаду. От ее хриплого смеха крапивные ожоги жгли еще сильнее — будто меня кололи тысячами раскаленных иголок. Перси похлопал меня по плечу и шепнул:

— Теперь ты давай! Расскажи тот, про полковника.

И я рассказал.

— Один полковник вышел перед строем... — начал я.

Но Пия даже не улыбнулась. Ни разу. А Классе смеялся. И Бенке с Биргиттой тоже. А Пия не сводила глаз с Перси и лишь под конец чуть пожала плечами.

— Ну разве не скукотища? Чушь какая-то! — заявила она. — Ничуть не лучше прежнего. Придете завтра плавать в бухту?

Хоть она и сказала «вы», но смотрела только на Перси.

— Придем, — пообещал он.

— Ну не знаю, — буркнул я. — Пошли уже.

— Выкинь ты ее из головы! — посоветовал Перси, когда мы вернулись домой. — Она просто юмора не понимает. По крайней мере, юмора в форме.

Мы раскачивались в гамаке взад и вперед, чтобы немного успокоиться. Дедушка чинил водосточную трубу. Брат держал ему лестницу.

— А должна бы понимать. У нее ведь отец — летчик, — сказал я. — Зачем ты перед ней выпендривался? Я же тебя предупреждал!

— Ничего я не выпендривался.

— А вот и выпендривался!

— Да мне она даже ни капельки не нравится. Знаешь, на кого она похожа? На пекинеса! Правда. Гав-гав!

Перси пошевелил ушами и залаял.

Я пихнул его в живот.

— Не смей так о ней говорить!

— Да что на тебя нашло?

Мне хотелось еще ему врезать, но Перси перехватил мою руку — как раз в том месте, где были волдыри от крапивы. Я так взвыл от боли, что дедушка чуть не свалился с лестницы.

— Чем вы там занимаетесь?! — заорал он, спустился на землю и выплюнул маленькие гвозди, которые держал во рту.

— Да это он крапивой обжегся, — объяснил Перси.

— И чего ты вопишь как резаный? — хмыкнул дед. — Я один раз ползадницы обжег о паровой котел. Потом целый месяц сидеть не мог. Но я нюни не распускал.

Он поднял меня и, перекинув через плечо, отнес к починенному стулу со львиными ножками. Потом достал вату и кофейную чашку с уксусом.

— А щипать будет? — спросил я.

— Пощипет, зато поможет, — ответил дедушка.

И протер сыпь уксусом. Защипало так, что у меня мурашки побежали по телу и слезы прыснули из глаз. Но я сдержался. Только губу закусил.

— Как же тебя угораздило так обжечься? — спросил дедушка.

— Вы что, никогда не влюблялись? — встрял Перси.

— Что ты такое городишь, парень?

Дед впился острыми взглядом в моего друга.

— Разве вы никогда не были влюблены по-настоящему? — повторил Перси.

Тут дедушка перевел взгляд на бабушку. Она сидела на своем стуле, курила и смотрела в окно — такая же красивая, как всегда, в серой кофте на пуговицах и с золотыми серьгами в ушах.

— Я до сих пор влюблен, — проговорил дедушка.

А когда проходил мимо бабушки, чтобы вылить уксус из чашки, наклонился и попытался погладить ее мимоходом по щеке своей мозолистой ладонью. Но она отстранилась — так резко, что серьги закачались в ушах.

— Прекрати свои глупости, — велела она.

Дедушка ушел, не сказав ни слова. И мы с Перси тоже. А жечь и вправду стало меньше.

Дед стоял у большого валуна. Камень возвышался среди грядок клубники — круглый и черный,

словно надгробный памятник. Казалось, всё зло, печаль и отчаяние впитывались в него год за годом и делали только тяжелее и чернее. Дедушка прижался лбом к его шероховатой поверхности и тихо ругался:

— Как же я ненавижу этот чертов валун! Ну зачем, зачем он тут вырос?

— Это его Бог сбросил, — предположил я.

Дедушка посмотрел на меня покрасневшими глазами, будто не узнавая. Потом протянул руку, словно хотел погладить меня по волосам. Но отвел ладонь и вместо этого вытер свой лоб.

— Может, и так, Ульф, — проговорил он. — Но послан он мне в наказание.

— Хотите, я почитаю про Буффало Билла? — предложил Перси.

— Нет, идите-ка лучше в дом. А я тут побуду немного один.

Мы оставили его у камня и ушли.

— С чего тебе взбрело, что этот камень от Бога? — спросил Перси.

— Пойдем посмотрим в Библии, — предложил я. — Сам убедишься.

Глава 11

Мы изучаем Библию. Перси тренируется в сухом плавании

Мы устроились в кормовом салоне, где ночью спали мама и папа. Здесь под хрустальной люстрой на круглом столе, покрытом кружевной салфеткой, лежала большая семейная Библия. Она была такая тяжелая, что я брал ее вместо гири, когда упражнялся в накачивании мускулов. Мне хотелось стать похожим на Каина на странице 7. Или на Самсона, который унес городские ворота на странице 335. Вот бы у меня были такие же крепкие и бугристые мускулы, как у них!

В бабушкиной и дедушкиной Библии было полным-полно картинок.

Их нарисовал какой-то Доре. Рисунки у него получились вполне ничего. Хотя им, конечно, далеко до тех классных обложек, которые делает Курт Ард[3] для журнала «Аллерс».

3 Курт Ард — всемирно известный датский иллюстратор, прославившийся обложками для журналов.

Почти в самом начале была иллюстрация «Сотворение Евы», на которой Ева выходила из зарослей. Бог только-только сотворил ее, и теперь она направлялась к Адаму. Одежду в ту пору еще не придумали, так что она была нудисткой. Грудь у нее открыта, но низ живота заслоняет ветка.

Забавней всего был рисунок на странице 1051 — «Высохшие кости оживают». Ничего подобного я не видывал: толпы скелетов вылезают из-под земли и напяливают на себя свои черепа. Жуть! Мне после этой картинки кошмары снились.

Надо будет обязательно ее Перси показать.

А пока, опустив Библию на пол, я раскрыл ее на странице 287.

— Вот, посмотри сам, как Бог швыряет камни, — сказал я.

Картина называлась «Господь посылает дождь из камней на амореев[4]». Мы улеглись на животы и стали ее рассматривать.

С неба градом падали огромные, смертельно опасные глыбы — прямо на головы сидящих на верблюдах амореев, а те тщетно пытались от них увернуться.

4 Амореи — библейский народ.

— Почему Бог забрасывает их камнями? — удивился Перси.

— Не знаю. Может, они лопухнулись как-нибудь, вот он и рассердился.

Перси коснулся пальцем упавшего верблюда.

— Так нельзя! Ну ладно, пусть он на этих дядек осерчал. Но чем верблюды-то провинились?

— Откуда мне знать! Видимо, под горячую руку попали. Бог — он как дедушка: рвет и мечет, чуть что не по нем.

В комнату вошла бабушка. Увидев, как мы тихонько устроились на полу и читаем Библию, она всплеснула руками и улыбнулась, словно стала свидетелем чуда. Она была немного религиозна.

— Вот молодцы! Как славно, что вы изучаете Библию, — похвалила она. — Я и не догадывалась, что вы так интересуетесь Священным Писанием.

— Да мы просто картинки разглядываем, — сказал я.

— Ну, не буду вам мешать, — кивнула бабушка.

Когда мы вдоволь насмотрелись на все эти камни, Перси нашел другую картинку под стать. Там Бог в гневе послал на землю дождь — да такой, что вся земля утонула во Всемирном потопе. Мы разглядывали животных, из последних сил пытавшихся спасти

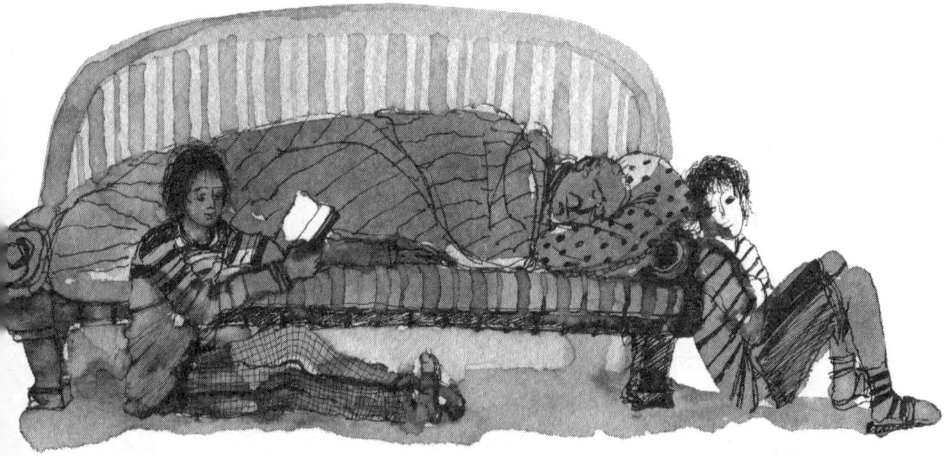

своих детенышей. Они выталкивали их на скалы, а Бог даже пальцем не пошевелил, чтобы им помочь.

— Надо научиться плавать, — вздохнул Перси.

— Ага, на тот случай, если Бог снова разгневается.

— Бог тут ни при чем. Я вот думаю: не отправиться ли нам завтра в бухту?

— Может, не стоит?

— Не-ет, раз я провожу летние каникулы на острове — пусть всё будет как положено. Я ведь поспорил с отцом, что, пока буду у вас гостить, научусь плавать и смогу проплыть двадцать метров. И я этого, черт побери, добьюсь! А тебя кто научил плавать?

— Бритта Лёв, — сказал я. — Ей было лет четырнадцать, а мне — пять. Папа и мама платили ей за занятия. Но она здесь больше не живет.

— Тогда ты сам меня научи.

Я вздохнул. Потому, что вспомнил про Пию.

Мне не хотелось, чтобы Перси слишком часто с ней встречался.

— Сколько ты мне заплатишь?

Перси закатил глаза, словно пробовал подсчитать в уме.

— Ладно, я пошутил, — сказал я. — Залезай-ка на диван и ложись на живот.

Я надеялся, что за один вечер он не выучится. Это никому не под силу. Так что можно было не тревожиться понапрасну. Сначала я показал Перси, как грести руками, потом — ногами. Потом я позволил ему прогрести от дивана до комода, где родители хранили свое белье. А потом вокруг круглого стола — до портрета бледной кареглазой тетеньки с веером.

— Раз, два, три. Раз, два, три, — считал я, пока он продвигался по полу.

Перси быстро освоил «сухое плавание».

— Черт, а здорово получается! — ликовал он. — И ничего сложного. А теперь пошли прибьем еще пару досок к нашей хижине.

Он встал. Весь живот у него был в пыли.

— О'кей, — согласился я, — но только сперва я утоплю эти дурацкие журналы с «Юмором в форме». Никогда больше не стану их читать.

Мы взяли всю стопку и привязали к ней камень потяжелее. А потом сели в лодку, выгребли на середину залива и выбросили их в море.

— Вот как поступают с теми, кто обманывает кровных братьев, — сказал я.

Вечером Перси снова читал нам с дедушкой про Буффало Билла. Дед лежал на диване, натянув одеяло по самый нос, я сидел на стуле у письменного стола, а Перси устроился у дедушки в ногах.

Он читал третью главу, в которой рассказывалось о том, как Буффало Билл в одиннадцать лет стал кормильцем семьи. Его отец умер во второй главе. Билл возил мясо и всякие товары солдатам в лагеря, расположенные в опасных местах.

— Да, напористый был парень, — проговорил дедушка.

— Я тоже напористый, — сказал Перси.

— Похоже на то, — кивнул дед. — Ну, читай дальше.

И Перси продолжил. Он читал без запинки, как и в прошлый раз:

— «Я износил три пары мокасин в той поездке и на собственном опыте убедился: чем толще подошвы, тем легче шагать по бездорожью».

В тот момент, когда Буффало Билл собрался укрыться от песчаной бури в пещере, полной человеческих костей, дедушка заснул.

Его храп доносился до нас почти всю дорогу, пока мы шли к нашей хижине. Теперь она выглядела получше. Уже появилось три стены, а всё остальное можно было себе вообразить. Мы забрались под одеяла. И даже не стали зажигать фонарик.

— А что ты еще делал, когда был маленьким? — спросил Перси.

— Не знаю. Пробовал есть черных муравьев. А еще мы с приятелями смастерили плот из пластиковых бутылок и обломков старых досок. Больше не помню. Я ведь был совсем маленький. Как-то раз я сделал лук и попал стрелой брату в задницу.

Казалось, Перси старался запомнить все мои рассказы.

— Надо и мне попробовать.

— Лучше не стоит.

Мы лежали молча и смотрели, как мимо нас, словно корабль-призрак, проплывает большой ржавый пароход с горящими фонарями и светящимися иллюминаторами. Он направлялся к мигающему маяку и хрипло гудел. Я снова вспомнил смех Пии.

Корабль оставил на черной воде серебряные гребешки волн.

— Завтра будем плавать, — сказал Перси и заснул. Но он еще долго ворочался под одеялом: видимо, повторял во сне движения ногами. А я лежал и представлял, что темное небо над моей головой — это полотенце Пии.

Глава 12

Перси стреляет точно в цель и плавает почти по-настоящему

— Да я с тебя скальп сниму, паршивец!

Меня разбудил крик Янне. Он стоял на полянке перед домом и вопил как резаный. А школьный учитель тем временем разучивал похоронный псалом. Я вылез из-под одеяла и бросился к дому. Когда я примчался, то увидел, что брат гоняется за Перси. Он бежал вприпрыжку, потирая задницу. У Перси в руке был лук.

Наконец брат поймал его.

— Что он сделал? — крикнул я.

— Я вышел пописать, а этот гад выстрелил мне в зад!

— Он, наверное, по ошибке, — попробовал я заступиться за друга.

— Так я и поверил! — проорал брат, сломал лук и швырнул обломки в кусты. — Еще раз так сделаешь, я тебя самого ткну в одно место раскаленной вилкой, да не один раз, а тыщу, так и знай. Ясно?

— Да, — кивнул Перси.

— Сам не понимаю, чего я с тобой церемонюсь, надо бы тебя прямо сейчас проучить, — проворчал брат. Вздохнул и пошел прочь.

— Ну и натворил же ты дел! — сказал я

— Ага, а еще я ел черных муравьев. И выпрямил полведра гвоздей. Я столько всего успел переделать! Черт, и долго же ты дрыхнешь!

Перси просто не мог сидеть без дела.

— Хорошо, а теперь постарайся угомониться, — попросил я. — Я, когда был маленький, всегда так поступал. А еще я бросал «блинчики».

— Что, бросал блинчики? — удивился он.

— Да.

— Тогда и нам надо попробовать. Но зачем ты это делал?

Он, похоже, на полном серьезе решил, что мы отправимся на кухню, напечем блинчиков, а потом станем швырять их в помойное ведро. Вот ведь олух царя небесного!

— Да это просто так называется, — объяснил я.

Мы отправились на берег. Я научил Перси, как выбрать подходящий камень — тонкий и плоский. Не слишком тяжелый, но и не слишком легкий. Это особенно важно при сильном ветре, чтобы его не снесло в сторону.

— Держи камень указательным и большим пальцами, вот так. И бросай, словно летающую тарелку, — пониже, над самой водой.

Я подобрал подходящий камешек и показал, как надо бросать. Я швырнул его под правильным углом, он полетел, ударился о воду и поскакал, словно водяная блоха, — раз, потом еще и еще.

— Восемь подскоков! — объявил я с гордостью. — Тебе пока столько слабо.

Я оказался прав.

Перси сравнял счет только через полчаса.

— Хорошо бы теперь и самим окунуться, — предложил он.

В мастерской можно было найти всё что угодно. Там мы отыскали автомобильное колесо, или, точнее, камеру. Накачали ее воздухом, а потом спустились к пристани, где у берега мелко и вода спокойная. Мы пришли рано, и я надеялся, что мы будем там одни.

— Если Пия объявится, постарайся не выпендриваться, — предупредил я.

Я сказал это просто так, на всякий случай.

Торчавшая из воды голова Перси кивнула.

Он уже спрыгнул в море: так ему не терпелось научиться плавать — и теперь стоял на илистом дне, держа перед собой камеру. Гагачье перо, которое он засунул в повязку на голове, весело покачивалось от утреннего ветерка. На пузо Перси нацепил свой пробковый пояс. Так он чувствовал себя увереннее.

— Брр, ну и холодрыга! — проговорил он, стуча зубами.

— Ничего, привыкнешь, — пообещал я. — Начнем с движений ногами. Держись покрепче за камеру и плыви, как ты делал вчера. Помнишь?

— Ясное дело. У меня-то мозги в порядке.

— Тогда начали.

Я стоял на заправочном причале и кричал, как опытный тренер по плаванию.

— Вытяни как следует ноги! А теперь снова подожми, — командовал я. — Не забывай: ты уже не на полу! Вот так!

Я смотрел, как он плывет, изо всех сил отталкиваясь ногами и крепко вцепившись в камеру. Перси был похож на лягушку-переростка. Но у него здорово получалось! Сам я научился плавать в пять лет. А в шесть смог проплыть двадцатиметровку и заслужил специальный значок. Но себя-то я всегда считал вундеркиндом.

— Отлично, так и продолжай! — подбодрил я его. — Помни о Божьем гневе.

Перси миновал буйки — один за другим. Чайки кричали как оглашенные, словно это были национальные соревнования по плаванию. Я было собрался стянуть с себя брюки и тоже прыгнуть в воду. Но, отвернувшись от моря, понял, что ничего не вижу: перед глазами мелькали солнечные блики.

А когда они наконец потухли, я увидел Пию.

Она спускалась к берегу, возвращаясь из магазина. На ней было желтое платье с красным поясом, а в руках — авоська с полотенцем. Ветер прилеплял ее юбку к ногам. Пия шла легко, словно танцуя, и волосы ее раскачивались в такт.

Я поспешил втянуть живот, чтобы казаться стройнее.

— Привет, — сказал я, когда она подошла поближе.

— Ты уже здесь? — удивилась она.

— Да.

— Надеюсь, не станешь сегодня рассказывать свои анекдоты?

— Нет. Я их утопил.

И тут меня словно прорвало: я стал болтать без умолку. Про то, что моему брату угодили стрелой в задницу. Что у нее шикарное платье. Что дедушка вчера целый час ругался на чертов камень. Я говорил и говорил, потому что мне нравилось смотреть, как она слушает. А еще — чтобы не дать ей заговорить о Перси.

Но едва я сделал паузу, она спросила:

— А куда ты Перси подевал?

— Он плавать учится, — ответил я. — Я его тренирую.

Пия обвела взглядом бухту.

— Где?

Тут я обернулся и посмотрел на море.

Я увидел, как сверкающие на солнце волны ударяются в борта лодок у причала. Заметил парочку крохалей — они то ныряли, то вновь появлялись на поверхности. Но куда, черт побери, подевался Перси? Наконец я его разглядел: гагачье перо виднелось далеко-далеко, и направлялось оно в открытое море — туда, где высоченные волны.

— Черт! — простонал я. — Как же я не уследил!

— Где он? — спросила Пия.

— На пути к Аландским островам, — сказал я.

И припустил со всех ног. Перемахнул через ручей, кишевший пиявками. Промчался мимо лодок.

— Я сейчас, подожди!

На бегу я схватил багор, висевший под крышей лодочного сарая. На краю каменного пирса лежало скользкое бревно. Я встал на него и вытянулся как можно дальше, чтобы подцепить ремешок пробкового пояса и подтянуть к себе Перси, который продолжал плыть, не поворачивая головы. Но, как я ни старался, мне не удалось его отловить. Вцепившись в камеру, он скользил прочь.

— Не волнуйся! — крикнул я. — Я всё устрою.

— Ну как, у меня получается? — крикнул он в ответ.

Но тут его подхватило большой серой волной.

Я не сразу нашел ялик с веслами, чтобы отправиться за ним вдогонку. Тем временем Перси уже выплыл на середину бухты. Прямо на него шла большая русская баржа с ржавым штевнем.

— Осторожно! — крикнул я.

Но разве он мог меня услышать? Я видел, что баржа не сменила курс и идет прямо на него. А потом потерял его из виду — до тех пор, пока баржа не проплыла мимо и мой ялик не закачался на волнах.

Когда я подплыл к Перси, он совсем выбился из сил и даже не смог забраться в лодку. Пришлось взять его на буксир. К этому времени на берег подоспел Классе. Он стоял рядом с Пией. Втроем мы вытащили Перси на причал. Он лежал и тяжело дышал, словно камбала на берегу.

— Какого лешего тебя туда понесло? — спросил я.

— Я просто не мог повернуть назад, камера-то всё время была впереди, — объяснил он. — Ну, как я работал ногами?

— Отлично, — похвалил я.

— Здорово, — сказал он и выплюнул немного воды. — Но в следующий раз не будем тренироваться так долго.

Губы у него посинели, он дрожал так, что зуб на зуб не попадал.

— Еще друг называется! — с укором сказала мне Пия. — Как же ты оставил его одного, если он плавать не умеет? Он ведь мог утонуть!

Она наклонилась и положила ладонь Перси на лоб.

— Да он совсем замерз! Надо его согреть.

Пия держалась как настоящая медсестра. Она достала розовое полотенце — то самое, которое не так давно клала мне на лицо. В тот раз у меня от радости и от ее запаха голова пошла кругом. Теперь она накрыла полотенцем Перси и принялась растирать ему руки и грудь, чтобы он поскорее согрелся.

— Вот так, — приговаривала она. — Вот так. Сейчас ты у меня согреешься.

— Да ни к чему всё это, — буркнул я.

Мне не нравилось, что она стоит на коленях перед Перси и растирает его полотенцем.

— Помолчи, ты его едва не угробил! — огрызнулась она.

И зыркнула на меня так, словно я был хладнокровным убийцей.

— А кто дотащил его до берега? — попробовал я оправдаться.

Тут Перси стянул с себя полотенце.

— Хватит причитать! Я вроде еще жив! Пошли домой, поиграем во что-нибудь, как в детстве. Ты с нами, Классе?

— Ага, — согласился Классе.

И мы побрели к дому, а Пия принялась сворачивать свое полотенце, словно это была драгоценность какая.

— Придете на танцы в субботу? — спросила она.

— Посмотрим, — ответил Счастливое Облако.

Вообще в тот день нам было не до детских забав.

Сперва Классе угостил нас всех «Честерфилдом» за елкой. Это просто необходимо, если человек едва не утонул, объяснил он. А потом мы решили показать ему нашу недостроенную хижину.

Когда мы туда пришли, то обнаружили там дедушку. У него выдалась свободная минутка, и он пришел поставить нам окно. Он уже успел выпилить большое отверстие в стене и вырезать стекло по размеру.

— Явились — не запылились, — проворчал дедушка. — Я тут за вас дом строю. Ну-ка, присоединяйтесь!

Мы так и сделали. Установили раму и привинтили петли. Потом вставили окно и выглянули из него — для проверки. Вид был как на картине. Залив сверкал в полуденном солнце, а на воде качались две рыбацкие лодки.

— Красотища! — похвалил Классе.

— Да, скоро это можно будет назвать домом, — сказал дедушка.

— Когда всё будет готово, купим хрустальную люстру и радиолу, — пошутил Перси.

— И персидский ковер, — подхватил я, — как у нас дома.

— Ну, идей вам не занимать, — усмехнулся дедушка. — Поживем — увидим. А теперь, поди, и обедать пора.

Он посмотрел на золотые часы на цепочке, которые достал из нагрудного кармана, довольно хмыкнул и надел пиджак и шляпу, висевшие на сучке сосны. Дед уже собрался отправиться в обратный путь, но вдруг словно окаменел.

— Ах вы негодники! — заорал он, увидев, как пара ворон кружит над только что созревшей вишней. Схватил камень и со всей силы швырнул его в птиц. Это был отличный бросок. Но вороны в вышине только рассмеялись.

Дедушка на этом не успокоился.

— Эх, будь у меня глаза помоложе, я бы вас всех перестрелял, воровское отродье! — пригрозил он.

После этих слов вороны решили не испытывать судьбу и улетели на учительский двор — послушать игру на пианино.

— Так ему и надо, учителишке, — рассмеялся дедушка. — От его кашля я с такта сбиваюсь, когда храплю. А что, парни, хотите научиться стрелять?

— Это всегда пригодится, — согласился Перси.

— Эх, а мне пора домой обедать! — огорчился Классе.

— Жаль, — сказал я. — Когда твой отец возвращается?

— В субботу.

Классе припустил домой. А мы с Перси и дедушкой отправились к платяному шкафу. Там за бабушкиным зимним пальто хранилась винтовка. Самая настоящая, с настоящими патронами. Дедушка протянул ее мне. А сам принялся расставлять банки из-под краски на камнях, что лежали по краю картофельного поля.

— Попробуйте попасть в эти банки, — предложил он, вернувшись назад. — Если хотите, представляйте себе, будто это вороны, белки или другое какое зверье.

— Белок стрелять нельзя, — возразил Перси.

— Почему это? — гаркнул дедушка. — Они разоряют мою клубнику. Только надкусывают, даже не едят! Нарочно, чтобы меня подразнить.

— Чепуха! — сказал Перси.

На миг показалось, что дедушка вот-вот взорвется от гнева. Но он только хмыкнул:

— Ну что ж, тогда представляйте, что это вороны.

Он показал нам, как заряжать ружье и как стрелять. Я это и так уже знал. Мы с братом тайком тренировались. Дедушка зарядил патрон.

— Пусть сначала пробует Перси, ведь он гость.

Перси с первого раза попал в красную банку из-под краски «Беккерс».

— Новичкам везет, — сказал я.

Потом мы еще долго упражнялись, а дедушка тем временем рассказывал нам, как Буффало Билл застрелил несметное число бизонов — в ту пору, когда в Америке прокладывали железные дороги. Иначе бы поезда вечно с ними сталкивались.

— Какой же он герой, если убивал невинных животных! — возмутился Перси и подстрелил еще одну банку.

— Тебе бы только перечить! — проворчал дедушка. — Он был смелый парень, этот Билл, что там ни говори. Ладно, хватит о нем.

Мы успешно подстрелили еще несколько банок. Но тут из дома вышла мама с дымящейся сковородкой в руках — захотела посмотреть, чем это мы занимаемся. Увидев, как я вскидываю ружье к плечу и прицеливаюсь, она отшвырнула сковородку с котлетами и помчалась к нам. Я и не знал, что она так здорово бегает!

— Ульф, немедленно брось ружье! — крикнула она.

Мама так распалилась, что дедушка опешил.

— Что это вы тут удумали?

— А что? — спросил дедушка, снимая шляпу.

— Позволяете детям стрелять из заряженного ружья! Я и раньше знала, что у вас не все дома, но я и представить себе не могла, что вы такой безответственный идиот!

— Эббочка, успокойся, — попробовал урезонить ее дедушка.

— Не намерена я успокаиваться! — не унималась мама. — Я готовлю вам еду. Стираю ваше белье и глажу рубашки. А вы чем занимаетесь? Подвергаете жизнь детей опасности. Всё! С меня хватит! Сейчас же уеду домой и детей заберу, а вы сами тут управляйтесь! Курт пусть поступает, как хочет. А я возьму детей и прочь отсюда.

И она потащила нас к дому. Дедушка посмотрел вслед Перси и сказал:

— Послушай, дочка, оставь мне хоть этого паренька. Он так хорошо читает вслух. Я к нему привязался.

— Нет уж! Ваше общество... неподходящая компания для детей!

Дома мама принялась в дикой спешке швырять вещи в сундук: носки, футболки, вязание, кухонный комбайн, платья — всё вперемешку. Она металась по комнате и собирала пожитки. Потом надела городскую шляпу и солнечные очки.

— Дорогая, милая Эбба... — начал дедушка.
— Нет, — отрезала она.

Мама опустилась на сундук, ее трясло. Тут пришел папа. Он отложил кроссворд, сел рядом с ней и обнял ее за плечи. Из-под солнечных очков по маминым щекам потекли слезы.

— Маленькая моя, — сказал папа.
— Я не маленькая.
— Ну что стряслось?
— Мог бы хоть раз оторваться от кроссворда и посмотреть, чем заняты дети, — упрекнула мама. — Между прочим, это *головокружение.*
— Что ты имеешь в виду?
— «То, что можно получить на большой высоте, четырнадцать букв», — сказала мама. — То слово в кроссворде, которое ты не способен отгадать.

Я видел, как сердита мама и как обиделся папа. А мы с Перси стояли возле Библии и не знали, куда деваться. И тут раздался топот копыт. Мы бросились к двери — посмотреть, что происходит. По саду во весь опор мчался вороной конь! Он мотал головой, скалил зубы и ржал, приветствуя вольный простор.

— Чернобой! Вырвался на свободу! — охнула мама, и прозвучало это так, словно она сама мечтала оказаться на его месте. — Надеюсь, они его никогда не поймают, — добавила она.

— Я тоже, — сказал Перси.

— Что вы такое говорите! — возмутился папа.

Конская грива развевалась на ветру, словно знамя. И вдруг Чернобой поскакал прямо к нашему дому. Но перед самым крыльцом он замер, поднялся на дыбы и забил передними копытами в воздухе. А потом помчался дальше в сторону учительского дома.

За конем бежали люди из поселка.

Мама вышла на крыльцо.

— Туда, — сказала она и указала в противоположную сторону.

— Зачем ты это сделала? — удивился папа, когда мужчины скрылись из виду.

— Тебе не понять. Разве конь не имеет права на миг свободы? Она всем нужна!

— Ты права, — кивнул дедушка, — как всегда. Прости меня, ради бога.

Тогда мама расхохоталась, подняла сковородку, собрала с земли котлеты и пошла в дом распаковывать вещи.

— Из-за чего такой переполох? — спросил папа. — Вы что-то натворили?

— Да так, ничего особенного, — ответил Перси.

— Ульф, ты всегда можешь прийти ко мне, если захочешь поговорить, — сказал папа. — Знаешь, где меня найти.

— Угу, — кивнул я.

— Вот и отлично, — вздохнул папа и похлопал меня по плечу.

А потом отправился в кормовой салон за очередным французским детективом.

Глава 13

Перси танцует и получает трепку, а потом еще одну

По субботам устраивали танцы. Вечером на танцевальной площадке зажигалась иллюминация. Иногда приезжал оркестр из города. А если нет — танцевали под проигрыватель. Музыка была слышна издалека. Она взлетала в небеса, и под нее плясала мошкара, комары и люди.

Но наша компания не танцевала. Мы были и слишком маленькими, и слишком взрослыми для этого.

Мы пробирались на танцплощадку сквозь дыру в стальной решетке. А потом стояли на травке и наблюдали за танцующими. Иногда покупали в киоске горячие колбаски с хлебом и шоколадное молоко. А иногда курили за каким-нибудь кустом. Но чаще просто смотрели.

— Полюбуйся-ка вон на тех! Видишь, куда он руку засунул? — подначивали мы друг дружку.

И от предвкушения всего того волнующего, что и нас ждет в будущем, по спине бежали мурашки.

Мы подсматривали, кто с кем целуется. И следили за теми, кто исчез в лесу, наивно полагая, что никто этого не заметил. Мы держали пари, кто сильнее напьется. И ждали, когда кто-нибудь вспылит и начнется драка. А однажды мы рассыпали на танцплощадке горох, и нам за это здорово попало.

Но танцевать мы не танцевали. Таков был неписаный закон.

Если оркестр был хороший, мы могли немножко потопать в такт одной ногой. Иногда какая-нибудь девчонка танцевала с подружкой. Но чтобы мальчишка с девчонкой — никогда.

Мы болтали и пялились на танцующих. Этого нам хватало.

На этот раз у нас только и разговоров было, что о Чернобое. Его совсем недавно поймали, а до этого он два дня бегал на воле. Весь исцарапался, пока носился по лесу. Потребовалось пять сильных мужчин, чтобы удержать его. Одного он таки укусил. А другого лягнул в ногу. Дедушка снова ходил на конюшню, чтобы в очередной раз укрепить стены.

— Они говорят: коня придется усыпить, — рассказала Марианна. — Раз он не желает стоять в стойле. Он опасен для местных жителей.

— Не могут же они просто так убить его! — возмутилась Пия.

— Они могут сделать с ним всё, что захотят, — буркнул Леффе. На этот раз сестренка сидела у него на плечах.

— Пока его, во всяком случае, запрут стреноженным на конюшне, — сообщил я.

Мы замолчали. Все думали о бедном диком коне: каково ему стоять связанному в темном стойле в самый разгар лета.

— Надо его освободить, — сказал Перси.

— Точно, — поддержала Пия.

Другие не знали, что сказать. Перси прихлопнул комара. Леффе отпил из пивной бутылки, которую нашел на скамейке, — там еще оставалось несколько глотков. Марианна подпевала мелодии, звучавшей на танцах.

— Вот, значит, как вы развлекаетесь каждое лето? — спросил Перси. — Просто стоите и глазеете?

— Да, — кивнул я. — Видишь вон того типа? Он как напьется, становится злющим-презлющим.

— Ну и что тут смешного? Вы что, никогда не танцуете?

— Еще чего! — усмехнулся я.

— Я, во всяком случае, не собираюсь так просто тут стоять, — ответил он.

И, прежде чем я успел его остановить, решительно шагнул вперед и пригласил пожилую тетку лет тридцати, которая с грустным видом подпирала забор. На ней была короткая юбка, кожаная куртка и темные очки, хотя солнце уже давным-давно скрылось. Тетка кивнула, выплюнула жвачку и отправилась с Перси на танцплощадку.

— Видали? — изумился Данне.

— Интересно, что он задумал? — спросил Бенке.

— Пойдем поглядим, — предложил Леффе.

Мы готовы были спорить, что Перси выкинет сейчас какую-нибудь гениальную веселую штуку. Может, подставит тетке подножку, чтобы та грохнулась и юбка задралась до самого пупа. А может, еще что-нибудь учудит.

Но мы не сомневались: это будет что-то из ряда вон.

Мы вскарабкались на решетку и стали искать Перси среди танцующих. А когда наконец его увидели, оказалось, что он просто танцует, как все. Одной рукой Перси держал тетку за спину, а другую вытянул в сторону. Ноги то разводил врозь, то соединял вместе, словно плыл брассом в сторону оркестра.

Он держался молодцом, хоть и танцевал с такой дылдой.

Как-никак, тренировался со своей мамой с тех пор, как научился ходить.

— Ну когда же он выкинет свой фортель? — удивлялся Леффе.

Мелодия закончилась, и Перси вежливо поклонился тетке. После танца она немного взбодрилась.

— Какого черта он это затеял? — хмыкнул Бенке.

— Именно, — поддакнул я. — Потанцевать, видишь ли, приспичило!

Мне хотелось, чтобы Перси свалял дурака. Чтобы поплатился за то, что лежал под розовым полотенцем Пии. Пусть в другой раз сперва подумает хорошенько.

Когда он вернулся, мы все замолчали.

Все, кроме Пии.

— Я тоже хочу танцевать, — заявила она и улыбнулась.

А потом взяла Перси за руку и потянула снова к танцплощадке. Перси пожал плечами и покосился в мою сторону. Но потом обнял Пию за талию и закружился среди танцующих.

Мне не хотелось смотреть на них, но я не мог отвести глаз.

Я видел, что Пия положила руку Перси на плечо. Она смеялась ему на ухо и легонько прижималась к нему, потому что это был очень медленный танец. То, что она смеялась, было хуже всего.

На глаза мне навернулись слезы. Такого со мной давно не бывало.

Потом пришел Классе. Я попытался переключиться на него.

— Ну, что сказал твой отец? — спросил я. — Разозлился, поди?

— Не, он обрадовался.

— Да ты что! — удивился Леффе. — Неужели они там не разглядели, что жук самодельный?

— Конечно, разглядели, — кивнул Классе. — На то они и специалисты. И даже высмеяли папу за то, что он дал себя обмануть малолетке. Они так хохотали, что папа навсегда потерял интерес к биологии. И к ботанике заодно. «Сынок, ты помог мне понять, какие зазнайки эти ученые, — сказал он мне. — Никогда больше не показывай мне никаких жуков. И никаких цветов или бабочек. Обещай».

— И ты пообещал? — спросил Данне.

— Ясное дело. И получил еще двадцать крон. Настоящее везение! Похоже, теперь с летними заданиями покончено навсегда. Слышишь, Уффе?

— Угу, — буркнул я.

Но на самом деле я ничего не слышал. Я наблюдал за этой парочкой из двух «П» — Перси + Пия. Предатель и Притворщица, думал я. Пустобрех и Пустышка. Классе проследил за моим взглядом и тоже увидел, как они кружатся, словно на веселой карусели.

— Чего это они? Танцуют, что ли? — спросил он так, словно его сейчас стошнит. — Пошли перекурим. Я угощаю. Тебе это на пользу пойдет.

Он обнял меня за плечи.

После трех сигарет и пяти комариных укусов мы вернулись к остальным. К этому времени танец закончился. Вернув Пию в нашу компанию, Перси поклонился ей, а потом подмигнул мне. Пия раскраснелась.

— Уф, как здорово! — сказала она.

— Эх, черт, может, и мы станцуем разок? — предложил Бенке. — Что скажешь, Уффе?

— Заткнись, — огрызнулся я.

— А чем ты предлагаешь заняться? — спросил Перси.

— Пойдем со мной, узнаешь.

Мы пошли за танцплощадку, где обнимались какие-то влюбленные.

— Ну, чего ты хотел? — спросил Перси.

— Вот чего, — ответил я и ударил Перси. За руку Пии на его плече, за ее смех ему на ухо. Я просто не знал, что еще делать. Я со всей силы саданул ему в живот, а потом мы еще помутузили друг дружку. Перси этого не ожидал, так что я легко поборол его и положил на лопатки.

— Лучше бы ты никогда сюда не приезжал! — выпалил я. — Лучше бы ты не становился моим кровным братом!

Перси лежал не шевелясь и таращился на меня:

— Да что на тебя нашло?

— Чего тебе вздумалось с ней танцевать? — не унимался я.

— Послушай, — проговорил он и попробовал отпихнуть меня. — Кавалер не может ответить «нет», если дама приглашает его на танец. Так заведено. Ну, теперь пошли назад к остальным.

Так мы и сделали.

Но когда мы вернулись, там остались только Классе и Пия. Марианна танцевала с Данне. Бенке — с Биргиттой. А Леффе — со своей сестренкой, которую он держал на руках. Мы достали еще по сигарете из пачки Классе — чтобы отогнать комаров.

Пия выпустила облачко дыма в сторону Перси.

— Хочешь, еще станцуем? — предложила она.

— *Sorry*[5], — ответил он. — У Уффе тяжелая рука, так что я теперь не в форме.

— Тогда лучше пойдем домой, — решил я.

Мы брели по проселочной дороге. С танцплощадки долетали звуки грустного вальса — нам под настроение. Ели казались еще темнее. Птицы примолкли. На небе не было ни звездочки. Я сунул руки в карманы, чтобы не учинить еще какую-нибудь глупость.

— Прости, что я тебя отдубасил, — сказал я. — Я не против быть твоим кровным братом.

5 Прости *(англ.)*.

— Да понятное дело, — кивнул Перси.

— Не знаю, что на меня нашло. Я и сам был бы рад наплевать на нее.

— Не можешь?

— Не-а… Лучше бы ты приехал в прошлом году. Или следующим летом.

— Этот год тоже ничего. Черт, это лучшее лето в моей жизни! И оно еще не кончилось.

— Любовь — это как болезнь, — сказал я.

И мы еще немного поговорили о любви: что она заставляет совершать всякие глупости, на которые ты бы сам по своей воле ни за что не решился. И говорить то, чего на самом деле не думаешь. От нее и радость, и горе одновременно.

— Да она на меня плевать хотела! — вздохнул я.

— Ну, со временем все переменится, — подбодрил меня Перси. — Ты тут первый парень на деревне!

— Знаю, — согласился я. — Но ты все равно на нее больше не заглядывайся!

И я еще разок двинул ему. На этот раз по губам. Уж и не знаю, как это рука сама выбралась из кармана.

Перси облизал кровь.

— Прости, — сказал я. — Хочешь, ударь меня тоже.

— Только для острастки, — решил он и двинул меня по носу.

Дальше мы шли молча. Перси слизывал кровь с губы. А я зажимал платком нос.

Когда мы вернулись домой, дедушка стоял в своей серой фетровой шляпе и смотрел на море и темное небо. Верхушки сосен раскачивались, а стрекозы метались в воздухе, словно не могли налетаться вдоволь перед закатом. Дед стоял, уперши руки в боки.

— Природой любуешься? — спросил я.

— Глупости! Вот размышляю, не посадить ли еще одну вишню. Рядом с этим чертовым камнем.

Тут он заметил разбитую губу Перси и мой расквашенный нос.

— Вы что это, парни, подрались?

— Так, в шутку, — отмахнулся Перси.

— А вот и нет, — сказал я. — Просто Перси — придурок.

Я понимал, что это нечестно. Перси уставился в землю — ясно было, что он обиделся. У меня тоже было гадко на душе. И от этого я злился еще больше.

— Не желаю с ним больше разговаривать!

— Не будь идиотом, Уффе, — пристыдил меня дедушка. — Бывает, что и повздоришь с другом, и даже подерешься. Всякое случается.

— Вот ты и дерись со своими старыми камнями, — проворчал я. — Или вон попроси своего дружка почитать тебе про Буффало Билла.

И пошел прочь. Я думал, дедушка рассердится. Но, обернувшись, увидел, что он улыбается.

— Ладно, — проговорил он. — Ишь какой вспыльчивый — весь в меня! Не зря тебя назвали Готфридом, в мою честь.

— Вот именно, это ты во всем виноват! — не вытерпел я. — Брата назвали Густавом в честь маминого деда, а меня пришлось назвать в честь тебя.

Я ушел от них и улегся в нашей хижине. Вскоре туда явился и Перси. Он почистил зубы, сплюнул и натянул на себя тренировочный костюм, который заменял ему пижаму.

— Начнем утром строить плот? — спросил он. — Такой, как ты делал в детстве, — из пластиковых бутылок и старых досок.

Я притворился, что не слышу.

— Может, тогда твоя злость немного поутихнет, — добавил он.

Я промолчал.

— Не хочешь отвечать?

Я зарылся головой в подушку.

— Ну и ладно. Иногда хорошо и в тишине побыть. Только ты не думай, что я с тобой раздружусь. Спокойной ночи, Готфрид!

Я молчал как убитый и только смотрел в небо.

Перси почти сразу заснул. А я лежал и смотрел, как на горизонте громоздятся тучи, словно гора большущих черных камней. Полежав немного, я встал. Сначала мне показалось, что я хочу пи́сать.

Но потом ноги сами понесли меня в поселок.

Я вскарабкался на клен во дворе Пии, уселся на ветку и навел на ее окно дедушкин бинокль.

В комнате горел ночник. Пия лежала в кровати и читала журнал «Бильд». На ней была белая ночная рубашка в синий цветочек. На тумбочке у кровати стоял пластмассовый проигрыватель. Пия то и дело накручивала на палец прядку волос, словно думала о чем-то. Через маленькую щелку в окне до меня долетал масляный голос Элвиса Пресли: *«Are you lonesome tonight?»*[6]

Да, я был одинок. Никогда в жизни не бывало мне так одиноко!

Я был один — только я и рой комаров.

6 Не одиноко ли тебе сегодня? *(англ.)*.

— Господи милостивый, сделай так, чтобы она встала и улыбнулась мне, — молил я Бога. — Господи милостивый, пусть она заметит меня, впустит в свою комнату, поцелует и скажет, что любит лишь меня. Сверши такое чудо! Или я прошу слишком много?

И что же ответил на это Бог?

Он наслал на меня дождь! Пия так и не встала с постели. Когда Элвис допел до конца, она погасила свет. Но я еще целый час просидел на ветке и позволил Богу промочить меня до нитки.

Злость во мне всё росла и росла.

Глава 14

Я получаю окончательный отказ и слушаю музыку любви

На следующий день все тело ужасно чесалось и саднило от ядовитых комариных укусов. В довершение всех бед у меня еще и из носа потекло. До обеда я успел собрать четыре детали мозаики. Мама привезла ее в надежде, что сама будет собирать ее. Но времени на это у нее никогда не оставалось.

Мозаика называлась «Море и небо». Там было две тысячи фрагментов разных оттенков синего.

Перси на них даже смотреть не пожелал. Он лежал на животе и тренировался в сухом плавании. Проплыл от столовой до кормового салона. Потом выплыл в кухню и получил от мамы, готовившей очередной обед, кусочек рыбки. Перси притворился, что он тюлень, который любит рыбу.

— Скоро ты там закончишь? — крикнул он.

— Не-а.

Мне вообще не хотелось заканчивать. Хотелось утопить в этой синеве мои чувства. И ни о чем другом не думать. Но это было не так-то просто. Меня словно распилили надвое — на двух Ульфов. Одному больше всего на свете хотелось встретиться с Пией. А другой не желал ее видеть — никогда-никогда.

— О чем ты думаешь? — спросил Перси после того, как сделал пять кругов.

— Да так, ни о чем.

— Ясное дело, думаешь, — не унимался он. — О Пии.

— Ну да. Вот размышляю, не поступить ли мне так же, как дедушка.

— Как это?

— Бабушка говорила, что вышла за него замуж только потому, что дедушка был жутко настойчивый. А вдруг и мне это поможет?

— Вряд ли, — ответил Перси. — Сколько вы тут проживете?

— Еще пару недель.

— Не успеешь. На это могут годы уйти.

— Тогда что мне делать?

— Я с ней поговорю, — вызвался Перси. — Она не дурочка. И меня слушается. Заметил, может быть?

— Ага. Но что ты ей скажешь?

— Придумаю что-нибудь. Мозги-то на что?

Он посмотрел на меня и улыбнулся — так убедительно, что я не мог не улыбнуться в ответ.

— Ну что, давай строить плот? — предложил я.

— Нет, лучше пойдем купаться. Теперь-то я научился!

Но для начала надо было подкрепиться. А после этого не меньше часа ждать, прежде чем нырять в воду. Иначе может случиться заворот кишок и мы утонем — так говорил папа. Пока мы ждали, успели сколотить последнюю стену в нашей хижине.

Потом отошли подальше — полюбоваться своей работой.

— Это самая лучшая хижина из всех, что я построил, — сказал я.

— Наверняка, — согласился Перси. — А теперь айда купаться! Кто последний — тот трус и сухопутная крыса!

Трусом оказался я. Поскольку не решился на полной скорости слететь по обрыву вниз к причалу. Вспомнил, как однажды споткнулся на бегу и оцарапал грудь. Когда я нырнул в воду, Перси уже стоял на илистом дне с пробковым поясом на животе.

— Посмотри, — сказал он, когда я вынырнул, и сделал три отличных гребка, не касаясь ногами дна.

— Ну, что скажешь? — спросил он с гордостью и сплюнул воду.

— Глазам своим не верю!

— Вечером будем есть тигровый кекс, — пообещал он. — Я это, черт побери, заслужил. И ты тоже.

— А где ты его возьмешь?

— Куплю яйца, масло, какао и сам испеку. Тебе понравится. Помнишь тот кекс, который я привез с собой, когда только приехал? Как он тебе?

— Вкусный. Но ты же сказал, что его послала твоя мама.

— Просто так принято говорить, — объяснил Перси. — Дай-ка я сниму пробковый пояс.

Он швырнул его на мостки. Потом еще поплавал под водой, но тут явился Классе, уселся на причал и стал болтать ногами в воде.

— Раздевайся. Вода что надо, — позвал его Перси.

— А потом мы пойдем в магазин за продуктами, — сообщил я. — Перси хочет испечь тигровый кекс.

— Мы съедим его в нашей хижине, она уже почти готова, — добавил Перси. — Ну, ныряй же!

Но Классе лишь грустно покачал головой.

— Ничего не выйдет. Папа собрался в лодочный поход. На целую неделю. Мы будем питаться только дарами природы и так отпразднуем то, что я разоблачил ученых. А заодно будем учиться выживанию.

— Чем же вы будете питаться?

— Гадюками и хвойными иголками, — вздохнул Классе. — Ну, мне пора, папа уже ждет в лодке. Пока, парни.

— Пока, Классе, — сказал я. — Надеюсь, ты выживешь.

— Мы прибережем тебе кусочек кекса, — пообещал Перси.

Потом мы выбрались из воды и припустили домой. Перси взял деньги из заначки, он хранил ее в носке в своей сумке, и мы направились в магазин.

— Куда это вы собрались? — поинтересовался папа, оторвав взгляд от книги.

— В магазин. А что?

— Просто хотел узнать, чем вы занимаетесь, — сказал он. — Но раз уж вы собрались в магазин, купите мне свежий номер «Вдоль и поперек».

Он дал нам десять крон и разрешил оставить сдачу себе.

Перси купил все необходимое для кекса, а в придачу еще лохматый ярко-красный коврик: решил, что он прекрасно подойдет для нашей хижины. Я купил папе газету с кроссвордами, а на сдачу — сыр, который мне положили в пакет. И два стаканчика вкуснейшего бананового мороженого.

— Ммм, — причмокнул Перси. — Еще чуть-чуть, и я смогу проплыть двадцать метров.

— Ммм, — причмокнул я.

Мы ковыляли домой и ели мороженое. В кустах чирикали птицы. Мы надули пакет из-под сыра и хлопнули его как раз в тот момент, когда мимо проезжал мопед с прицепом. От неожиданности водитель едва не съехал в кювет. Отличный выдался денек! Я даже на время забыл про свои печали.

Но когда мы подошли к танцплощадке, появилась Пия.

Она гнала на велосипеде так, что волосы развевались на ветру, но, заметив нас, затормозила.

— Привет. Здорово мы вчера повеселились!

— Ничего особенного, — буркнул я.

— Завтра будут кино показывать, — сказала она Перси. — Давай сходим? Можем и Уффе взять с собой. Это фильм о любви. Они там снимаются голые. Детям смотреть не разрешается.

Летом по понедельникам на танцплощадке вечерами крутили кино. Оркестровую будку завешивали белым полотном и ставили бумажные ширмы — чтобы не подсматривали те, кому не положено. Но, к счастью, охранники не обращали внимания на возраст зрителей.

Я видел афишу на заборе. Картина называлась «Она танцевала одно лето». Дурацкое название. А афиша — еще хуже. На ней была нарисована молодая женщина, улыбавшаяся идиотской влюбленной улыбкой молодому мужчине.

— Посмотрим, — ответил Перси. — Но сначала я хочу тебе кое-что сказать.

— Что? Говори!

Пия рассмеялась.

— Ничего в этом нет смешного, речь идет о любви, — продолжил Перси.

— Не надо, — попросил я. Зря он это затеял.

— Нет, скажи, — потребовала Пия. — Мне кажется, я чувствую то же самое. Что ты хотел сказать?

И улыбнулась такой же идиотской улыбкой, как и тетка на афише. Похоже, ей и в самом деле не терпелось это услышать.

— Уффе влюблен в тебя, — ляпнул Перси. — Он о тебе постоянно думает. Может, вам начать встречаться?

Пия посмотрела на Перси, потом на меня.

— С какой стати?

— Да ведь лучше него никого нет! Поверь мне: я уже три года с ним дружу. Сперва я и сам думал, что он просто такой толстоватый ватютя, ничего особенного, избалованный и жизни не знает. Но когда я сдружился с ним по-настоящему, оказалось, что он самый лучший парень на свете.

— Ну и что с того? Я-то не влюблена. По крайней мере, в него.

— А зря. Влюбишься, вот увидишь, — не отступал Перси.

Тогда Пия оглядела меня от макушки до сандалий и покачала головой:

— Нет, Уффе, ничего не выйдет. Ты ведь сам понимаешь. Это невозможно.

— Почему? — спросил я. — Совсем-совсем невозможно?

— Совершенно невозможно. Все равно что сосчитать песчинки в Сахаре, выпить Балтийское море или проскакать верхом на Чернобое.

— Чернобой, — вздохнул я и понял: всё пропало.

Пия села на велосипед и оглянулась на Перси.

— Вот если бы это ты спросил… — сказала она и укатила.

Я достал яйцо из сумки и со всего размаху швырнул в актрису на афише.

— Проклятая любовь! — крикнул я.

— Не сдавайся, — сказал Перси и обнял меня за плечи.

Но на что мне было надеяться?

Когда мы пришли домой, дедушка укреплял каменную полочку, на которую ставил тазик, когда брился на улице. Я подошел к большому черному камню и прислонил к нему разгоряченный лоб — так поступал дедушка, когда у него было тяжело на сердце. Я думал, вдруг это поможет.

Но ничего не вышло. Стало только хуже.

Внутри у меня все застыло, и на душе стало еще тяжелее.

Тут подошел дедушка, взял меня за шкирку и увел прочь.

— Не стой там. Что стряслось, Ульф Готфрид? — спросил он.

— Ничего.

Дедушка посмотрел мне в глаза и увидел все накопившиеся там в глубине слезы — море печали, которое я сдерживал в себе.

— Нет, ЧЕГО, — сказал он мягко. Раньше он никогда так со мной не разговаривал.

— Оставь меня в покое!

— Он безнадежно влюблен, вот в чем беда, — объяснил Перси.

— О черт! — охнул дедушка. — И давно?

— Больше недели, — прошептал я.

— Бедняга, — посочувствовал дед.

И он рассказал о себе и о бабушке. Как он встретил ее, когда она была молоденькой девушкой. Она тогда жила на острове и приезжала в город на катере. Волосы у нее блестели, словно их причесали солнцем. Дед сразу влюбился. И ничего с этим не мог поделать.

— Хоп — и всё, — хлопнув в ладоши, показал дедушка. — И с тех пор это не проходит. Хотя Бог свидетель: я столько раз мечтал об этом. Ведь она-то меня так и не полюбила. Тяжело так жить. Да еще этот чертов камень мне как вечное напоминание. Однажды я его все-таки подниму и выброшу вон ко всем чертям.

— Да его никому не поднять, — засомневался Перси. — Тем более такому маленькому пузатому старикану.

— Может, ты и прав, — сказал дедушка и еле заметно улыбнулся.

Я уткнул голову дедушке в живот. Мне было слышно, как там внутри тикает время. Это шли золотые часы в жилетном кармане. Как долго тянется каждая минута, когда ты несчастлив! А если всю жизнь не знаешь счастья — страшно подумать!

— Что мне делать, дедушка?

— Пойди в дом, принеси молока, — велел дед. — Когда стемнеет, снова возьмемся за работу.

Мы сидели на крыльце, пили молоко и следили, как синее небо постепенно становится лиловым. Тени делались чернее и длиннее. А бабочки на клумбе складывали крылышки, готовясь к ночи.

— Ну, а теперь пошли в мастерскую, — позвал дедушка.

— А что мы там будем делать?

— Увидите.

Мы взяли в сарае лом.

Дед повел нас по вересковой пустоши до того места, где скала резко обрывалась в море. Там очень красиво. И видно всё до самого горизонта. Видно, как, освещая море, мигает маяк. Иногда бабушка приходила сюда, курила и любовалась природой, если не сидела у своего окна.

— Подождем немного, — прошептал дедушка.

Мы уселись возле двух здоровенных валунов и стали смотреть на залив и слушать вечерние звуки. Вот проплыл танкер с зажженными прожекторами, а потом словно растворился в небе, и стало совсем темно.

— А теперь приступим к делу, ребятки, — сказал дедушка, вставая.

— К какому?

Он не ответил. Взял лом и поддел самый большой камень.

— Ну-ка дружно! Нечего болтать, лучше помогите! — велел он.

Мы изо всех сил навалились на лом. В земле что-то заскрежетало. В конце концов нам удалось раскачать камень. Сантиметр за сантиметром мы стали двигать его к краю обрыва. Там он замер на несколько секунд, словно в нерешительности, как будто у него голова закружилась.

— Ну же! — крикнул дед.

Я слышал, как он задыхается от натуги. У меня у самого поплыли красные круги перед глазами. И вот камень покатился, сначала медленно, а потом все быстрее и быстрее, ударяясь о скалу, срывая мох и землю, ломая кусты на своем пути. От него летели искры, и гром был такой, как в грозу. Ну прямо фейерверк!

Дедушка положил руку мне на плечо.

— Слушай! — крикнул он. — Это МУЗЫКА ЛЮБВИ!

— Я слышу, — отвечал я, хоть и не понимал, что он имеет в виду.

Со страшным плеском камень упал в воду. Когда вода над ним сошлась, снова стало тихо.

— Дело сделано. А теперь пошли домой, ребятки, — сказал дедушка. — Ну что, Ульф, полегчало немного?

— Ну, может, чуть-чуть, — пробормотал я, хотя на самом деле не очень в это верил.

— Вот и отлично!

Мы отнесли лом в сарай, а потом вернулись в дом. Бабушка сидела у окна и смотрела на залив. Она высморкалась в носовой платок.

— Зря вы это затеяли, — сказала она.

Дедушка повернулся и ушел в свою каюту.

— Спокойной ночи, — пожелал он.

— Спокойной ночи, — ответили мы.

Я поплелся в хижину. Перси пообещал тоже вскоре прийти, но я прождал его не меньше часа. Зато он принес с собой свежеиспеченный тигровый кекс и термос с какао. Мы уселись на ярко-красный ковер и стали пировать. А Бог тем временем зажигал над нами миллионы звезд. Мы не разговаривали — просто посидели молча, а потом легли спать.

Я закрыл глаза, но все еще слышал раскаты музыки любви и видел искры, взлетавшие до самого неба. Долгий выдался день. Я уже почти заснул, когда Перси вдруг потряс меня за руку.

— Ты все еще думаешь о Пии? — спросил он.

— Да.

— И я тоже. Знаешь, лучше спи, тихо-мирно.

После этих слов сон как рукой сняло.

Я долго вертелся и ворочался и заснул лишь тогда, когда луна побелела и стала маленькой, как таблетка снотворного.

Глава 15
Я пребываю в мрачном настроении, а Перси — в отличном

Утром, когда я проснулся, Перси в хижине не было.

Обычно в это время он любил еще поваляться — подушка на животе и руки под головой. Но сейчас от него осталась лишь вмятина на ковре. Я подождал немного — может, он просто вышел пописать.

Потом тоже встал.

Было еще очень рано. Солнце едва поднялось над верхушками сосен. Капли росы сверкали в паутине, словно мамины бриллианты. Там, где уже припекало, от мха поднимался пар.

Сначала я поискал Перси в лесу, но не нашел. И у дровяного сарая тоже, и на берегу, и в мастерской. В доме все еще спали. Кроме бабушки. Она, как обычно, сидела на своем стуле и смотрела поверх утреннего тумана. Она курила первую утреннюю

сигарету. Пристегнула оконную створку на крючок и выдувала табачный дым в узкую щелку.

Бабушка была в халате, и волосы у нее еще были распущены.

— Доброе утро, — сказал я.

— Раненько ты сегодня поднялся, — удивилась она.

— Ага, проснулся и не могу больше заснуть.

— Для меня утро — лучшее время, — сказала бабушка, не отводя взгляд от туманной дымки. — Пока жизнь еще не проснулась по-настоящему. Хочешь кофе?

— Да, спасибо.

— Тогда смели зерна, а я докурю.

Вообще-то мне не разрешалось пить кофе. В нем есть кофеин, а это яд — так считал папа. Но бабушка не обращала на это внимания. А мне кофе нравился — если налить побольше сливок и насыпать побольше сахара. Но особенно я любил его аромат — когда мелешь темно-коричневые зерна в кофемолке. И треск, с каким поворачивалась ручка с маленькой деревянной шишечкой на конце.

— А теперь мы его сварим, — сказала бабушка.

Так мы и сделали. Потом вышли на балкон и выпили по чашке. Я еще съел бутерброд с сыром. Я люблю сыр.

— Это время всегда принадлежит только мне одной, — проговорила бабушка. — В такой час самый свежий воздух. И природа краше всего. А где твой приятель?

— Не знаю. Сам его обыскался.

— Наверное, отправился на прогулку. Он похож на твоего дедушку. Тоже не может усидеть на месте. Ничего, скоро вернется.

— Ага.

Потом мы немного помолчали. Бабушка любит посидеть в тишине. Мы заметили пару белок.

Воспользовавшись тем, что дедушка спит, они резвились на верхушках сосен. И ворону — та сидела на вишне и дырявила клювом ягоды. Какая-то чайка, наевшись черники, накакала синим пометом на скамейку, которую дедушка совсем недавно покрасил.

Было хорошо сидеть вот так вдвоем и молчать. Эх, дедушка наверняка бы всё отдал за то, чтобы сидеть тут вот так вместо меня! Смотреть, как бабушка улыбается и в уголках ее глаз появляются морщинки, и слушать, как она хихикает над проказами природы.

Жизнь — не очень-то справедливая штука.

— Жизнь — не очень-то справедливая штука, — произнес я вслух.

— Может, и так, — отвечала бабушка. — Но в ней есть свой смысл.

Мы сидели так до тех пор, пока из соседнего дома не послышался кашель учителя. Потом он заиграл на пианино. Принялся разучивать очередной похоронный псалом и с такой силой дубасил по клавишам, будто призывал всех: пора вставать, если хочешь успеть сделать хоть что-то, пока смерть не пришла. Тут уж все проснулись. Закудахтали куры, выползли улитки, папа в ночной сорочке, щурясь от солнца, вышел из дома помочиться. Он крикнул нам, что собирается делать утреннюю гимнастику, и предложил мне присоединиться.

— Нет, спасибо, — отказался я. — Лучше схожу к хижине, посмотрю, не вернулся ли Перси.

— Ну как хочешь, — сказал папа.

Он стоял на траве у дровяного сарая. Когда я пробегал мимо, он делал наклоны взад и вперед. А потом запрыгал, размахивая руками так, что рукава ночной рубашки развевались в воздухе. Будь Перси рядом, я бы сказал ему, что папа похож на ангела, который не может взлететь. И Перси бы улыбнулся в ответ.

Но его рядом не было.

Он объявился лишь через час, когда мама накрыла завтрак на столе под зонтом: масло, селедка, тефтели, половинки вареных яиц, свекольный салат, два сорта хлеба, сыр, простокваша, кофе и молоко. Хотя штаны Перси порвались сзади и на коленке была свежая царапина, он все равно выглядел страшно довольным и счастливым.

— Ух, ну и проголодался же я! — воскликнул он.

— Где ты был?

— Не скажу, — улыбнулся он.

— Ты что, встречался с кем-нибудь?

— Можно и так сказать. Ой, какая тут у вас красотища!

— С кем же?

— Тоже не скажу.

Перси уселся за стол и принялся намазывать на хлеб толстый слой масла.

— Ты что, тупой? — встрял брат. — Неужели не понял? Он был в поселке и целовался с Пией.

— А ты не понял, что мне нет до этого дела? — огрызнулся я. — Спасибо! Я уже наелся.

— Возьми еще бутерброд с колбасой и попробуй свекольный салат, — предложил папа. — Тебе надо есть как следует.

— Нет, лучше уж с голоду подохнуть.

И я ушел, хотя успел запихать в себя лишь сухой хлебец с сыром и огурцом. Я направился в кормовой салон, закрыл дверь и приложил горячий лоб к полу.

У меня начался приступ морской болезни, хоть я и был на суше.

Немного погодя появился Перси:

— Не обращай ты внимания на своего братца. Он просто дразнится. Хочешь, построим карусель? Я нашел в мастерской шарикоподшипник. Станем малышей за плату катать и заработаем кучу денег.

— Нет. Делай сам. А я пойду погуляю.

Каждый день повторялось одно и то же: я просыпался, а Перси уже и след простыл. Но всякий раз он возвращался к завтраку — с лучезарной улыбкой и новой отметиной. В один день — царапина на щеке, в другой — синяк на ноге. Потом — укус в плечо, а после этого — ссадина на животе.

Ну как он ухитрился живот оцарапать, скажите на милость?

Папу это тоже удивило. Он надел очки и осмотрел ссадину. Потом достал из аптечки пузырек с йодом.

— Чем же ты таким занимался? — спросил он.

— Это секрет, — ответил Перси.

— Ну, не стану тебя расспрашивать, — сказал папа. — Но в следующий раз будь поосторожнее. Сейчас чуть-чуть пощипет.

— Не беда, — кивнул Перси.

Я смотрел, как папа мажет йодом царапину Перси. От этого его живот стал золотисто-коричневым. Перси закусил губу и скорчил страшную гримасу. А я вспоминал свою рассеченную бровь и крапивные ожоги — все те раны, что принесла мне любовь.

— Поделом тебе, — прошипел я, когда папа удалился со своим пузырьком.

— Что ты имеешь в виду?

— Не притворяйся дураком. Я знаю, что ты не полный идиот. Лучше бы упаковал свои манатки и отправился восвояси следующим же рейсом!

— Ты правда этого хочешь?

— Да.

— Нет, Уффе, я этого не сделаю, — покачал головой Перси. — Я отсюда не уеду, пока, во всяком случае. Смотри!

Он поднес к моему лицу свой левый большой палец.

— Видишь?

— Ну да.

Я увидел узкий шрам от разреза ножом, оставшийся после того, как мы смешали нашу кровь.

— Мы кровные братья, — напомнил Перси. — А раз так, то не должны оставлять друг друга в беде. Если ты хочешь немного побыть один — иди, пожалуйста, так я считаю.

Что я мог ответить?

Я прижал свой палец со шрамом к его.

— Пока, — сказал я.

Я решил сочинить любовное письмо. Папа писал такие маме, в молодости. И у него всё получилось. Взяв блокнот и ручку, я отправился искать уединения.

Я выбрал кружной путь — мимо дома, где родилась бабушка, — чтобы успеть все обдумать.

На лугу у пристани все еще стоял майский шест, хотя цветы в венках давным-давно завяли. Каждый год в день летнего солнцестояния здесь устраивали соревнования. Прыжки в мешках и бег вокруг шеста с картошкой на ложке, причем ложку надо было держать во рту. Тот, кто прибегал первым, получал приз. Обычно — конфеты из магазина. Теперь я застал у шеста Леффе и его сестренку. Она ковыляла вокруг с ложкой во рту и то и дело падала, потому что еще не научилась твердо стоять на ногах.

— Привет, Уффе, — сказал Леффе. — Вот тренирую сестренку к следующему году. Она ужасно способная. Наверняка выиграет шоколадку. Тогда мне достанется половина. Хочешь с нами?

— Нет, мне надо побыть одному и подумать.

Бабушка родилась в маленьком красном доме с железной крышей. Там была одна-единственная комната и кухня. Как они только там умещались — бабушка с родителями и пятью сестрами? Я разглядывал дом и думал: как странно, что она, такая важная и любящая все красивое, выросла в этой избушке.

Я прошел мимо Бенке и Данне — они стояли на дворе и перекидывали друг другу футбольный мяч, пытаясь как можно дольше удержать его в воздухе.

— Хочешь с нами? — предложил Бенке.

— Нет, мне надо побыть одному и подумать.

— Удачи, — пожелал Данне.

Я направился к сигнальному костру. Его разводили высоко на горе, откуда открывался вид на всю округу. «Там наверняка думается лучше всего», — решил я. Сигнальный костер был похож на вигвам. Поленья были поставлены так, что подпирали друг дружку. А наверху стояла бочка со смолой, чтобы можно было быстро зажечь огонь, если приплывет вражеский корабль.

Но сейчас мимо проплывали лишь редкие суда с отдыхающими.

Я уселся на горе и достал блокнот и ручку.

Что же мне написать?

У меня получилось вот что:

«Любимая Пия! Я думаю только о тебе. Это не очень-то весело. Поэтому прошу тебя: не отталкивай меня, даже если я тебе противен. Через несколько лет ты наверняка ко мне привыкнешь.

Твой на веки вечные, Ульф».

Я рассмеялся, хотя на душе у меня было тошно. Потом вырвал страницу, разорвал на мелкие клочки и швырнул по ветру. Бумажки разлетелись во все стороны: к почте, магазину, пекарне и кладбищу.

Мое отчаяние запорошило, словно снегом, весь остров.

Я подождал, пока Пия проедет мимо по проселочной дороге, направляясь в магазин за покупками. В груди что-то саднило. Когда она скрылась из виду, я пошел домой. Школьный учитель вновь сидел за пианино, и пальцы его барабанили по клавишам, как им заблагорассудится.

— Распахни окно и впусти солнце! — распевал он перед открытым окном.

«Лучше держи свое окно закрытым!» — нацарапал я на клочке бумаги и подсунул ему на подоконник.

А потом отправился искать Перси. Я нашел его в мастерской. Он стоял, склонившись над верстаком, и пришивал дратвой крючки-карабины к концам кожаного ремня. Когда я вошел, он отложил работу.

— Ну что, полегчало тебе?

— Не-а. Что это будет?

— Пока — секрет.

— Это как-то связано с Пией?

— Может, и да. Но не будем о ней больше.

— Не будем. Вообще-то я рад, что ты не уехал.

— И правильно, — кивнул Перси. — Вот увидишь: завтра тебе полегчает.

— Вряд ли. Но поживем — увидим.

Не знаю, зачем я это ляпнул. Хотя вроде прозвучало бодро. Перси убрал инструменты, а потом мы пошли на берег и стали кидать камни в старые консервные банки. Все-таки вдвоем было веселее!

Перси окинул взглядом залив и заметил плескавшуюся в воде щуку. От нее расходились круги — как на мишени. Он швырнул камень и попал в самую середину.

— В десятку, — сказал он. — Вот бы стать щукой!

— Зачем?

— Тогда проплыть двадцать метров было бы проще простого.

Вечером мы снова собрались в каюте деда. Я устроился у него в ногах. Дедушка лежал на спине, и живот его вздымался под самый потолок, словно Скалистая гора. Перси сидел на стуле у его круглой головы и читал вслух про Буффало Билла. Это была одна из самых лучших глав. Шестая. Она называлась:

«Как я был курьером “Пони-экспресс”». И начиналась так:

«Когда мне исполнилось пятнадцать, меня охватила жажда приключений. К этому времени я уже совершенно забыл свои страдания в хижине и данный себе зарок никогда больше не появляться в пограничных районах. Я жаждал новых, еще более увлекательных приключений».

Перси читал так, что я забывал обо всем на свете.

Он читал про то, как Буффало Билл скакал в Скалистых горах, доставляя почту, хранившуюся в водонепроницаемой сумке. Его постоянно преследовали индейцы и грабители с большой дороги. Но всякий раз ему удавалось спастись. День за днем носился он по прерии, словно молния, и всюду его подкараулили опасности.

В самом захватывающем месте Перси приспичило выйти пописать.

— Что же ты так долго! — упрекнул его я, когда он вернулся. — Продолжай же!

И Перси продолжил.

Откашлялся и стал читать:

«Они охотились за мной. Но удача не оставляла меня, и я всякий раз уходил от них невредимый. У меня был калифорнийский чалый жеребец, самый быстрый в конюшне. Я пришпорил его и, пригнувшись к лошадиной шее, направился к мосту через реку Суитуотер в двух милях оттуда».

— Господи, каков молодец! — пробормотал дедушка. — А ведь ему было всего пятнадцать!

— А мне только десять, — заметил Перси, а потом объявил, что ему пора ложиться спать, чтобы успеть выспаться до завтрашнего утра.

Глава 16

Невозможное кажется возможным, а потом снова становится невозможным

На следующее утро Перси явился на завтрак еще позже обычного.

Дедушка уже начал чистить стальной щеткой бочки для воды. От этого скрежета мурашки бежали по коже и кусок в горло не лез.

— Дорогой, милый папа, нельзя ли подождать с этим? — взмолился наш папа. — Кусок в горло не лезет от этого скрежета. А у меня все-таки отпуск.

— А у меня нет, мой маленький принц, — ответил дедушка. — Надо успеть вовремя. Вот-вот разразится ужасная гроза.

— Вряд ли, — с сомнением сказал папа. — Посмотрите на небо.

Мы все так и сделали.

Небо было ярко-синее. Лишь два пухлых облачка, похожих на булочки. Ласточки парили в вышине, словно мечты. А ветер дул сухой и теплый.

— Послушай Курта и не мели ерунды, — сказала бабушка.

— Вот увидишь, — проворчал дедушка. — Сможешь и волосы помыть.

Бабушка любила мыть волосы дождевой водой: от этого они становились мягкими и пушистыми. А дедушка любил смотреть, как она это делает. И я тоже. После такого мытья бабушкины волосы напоминали сахарную вату — блестящие, белые и воздушные.

— Человек предполагает, а Бог располагает, — проговорила бабушка и улыбнулась. — Но если выйдет по-твоему, то ты сможешь вымыть ноги. Давно пора.

Тут-то и появился взъерошенный Перси. На этот раз свежих ран у него не было и выглядел он радостнее, чем обычно.

— Подогреть тебе кашу? — предложила мама.

— Нет, спасибо, нам некогда, — отказался Перси. — Пошли, Уффе.

Он вытащил меня из-за стола.

— Куда это вы собрались? — поинтересовался папа.

— На любовное свидание, — ответил Перси.

Вечно он плетет невесть что!

Прежде чем отправиться в путь, Перси схватил со стола горбушку и сунул в карман.

— Куда пойдем? — спросил я.

— Не скажу, — ответил он. — Только знай: увидишь — обалдеешь.

Мы промчались по лугу, перепрыгивая через свежие коровьи лепешки. Пробежали мимо Вестерберговых кур. Затем наискосок пересекли сжатое поле, перескочили через канаву и пронеслись по низкорослому перелеску.

— Долго еще? — пропыхтел я.

— Уже скоро.

Сделав еще несколько шагов, Перси остановился и отвел в сторону ветку.

Я и впрямь обалдел.

Перед нами на поляне, привязанный крепко к дереву, стоял вороной конь и мирно щипал свежую травку. Время от времени он делал шаг вперед и бил хвостом, чтобы отогнать мух. Шкура его лоснилась, а грива блестела так, словно ее вымыли дождевой водой.

— Чернобой, — прошептал я. — Это в самом деле Чернобой?

— Ага. Правда, красавец?

Если бы я не проснулся два часа назад и не успел съесть изрядную порцию каши, я бы готов был поклясться, что это сон.

Перси свистнул, и конь поднял голову. Взгляд у него, когда он смотрел на Перси, был совсем не злой, скорее влюбленный. Если про коня можно так сказать. Но, заметив меня, он прижал уши.

— Ну, ну, — проговорил Перси, и конь снова успокоился.

— Ты что, его взял? — спросил я.

— Нельзя владеть живым существом, — сказал Перси. — Этот конь принадлежит самому себе. Так что и взять его тоже нельзя. Я просто вывел его на волю.

— На меня он все же злобно посматривает.

— Привыкнет, — пообещал Перси. — Просто поначалу будь с ним поосторожнее, ведь он тебя еще не знает. Но когда увидит, что мы друзья, все наладится.

Перси тихонько разговаривал с ним, пока мы подходили все ближе и ближе.

— Вот так, малыш. Это Ульф Готфрид Старк. Мы старые друзья. Он лучший парень на свете, поверь мне. Однажды устроил пожар — только для того, чтобы я смог полюбоваться на пожарные машины. Такие друзья на дороге не валяются. Ну же, подойди поближе и не смотри так сердито.

Мы остановились чуть поодаль.

Чернобой тревожно покосился на меня. Потом потряс головой, словно насмотрелся вдоволь, подошел и положил свою тяжелую морду на плечо Перси, чтобы тот погладил его и дал хлеба, который, как он знал, был припасен у Перси в кармане. Но прежде конь ткнул носом мне в грудь и фыркнул вполне дружелюбно, показывая, что не имеет ничего и против меня тоже.

— Так-то лучше, — похвалил Перси. — Теперь мы друзья, все трое.

— Как тебе это удалось? — спросил я. — Неужели это тот самый Чернобой — самый злобный конь во всей Швеции?

— Ясное дело, тот самый. Просто теперь он уже не такой свирепый. Злость у него почти прошла.

— Как же ты его приручил?

— Я с ним разговаривал.

— О чем?

— Обо всем. Но чаще всего — о себе самом: что я думаю, что чувствую и все такое. Я рассказал о своей семье, что мне нравится в этой жизни, а что нет. Надо рассказать о себе, чтобы конь понял, кто ты такой. Потом я показал ему окрестности. Лошади любят осматривать разные места. Хочешь показать ему что-нибудь, Уффе?

— Может, скалу с сигнальным костром? — предложил я. — Оттуда красивый вид.

— Пошли, — согласился Перси.

Он надел на Чернобоя поводья, которые сам смастерил накануне. И мы отправились в путь.

— Вот здесь! — сказал я.

— Обалдеть! Ну и красотища! — обрадовался Перси. — Видишь, Чернобой?

Перси и конь во все глаза смотрели по сторонам. Отсюда было видно так далеко, что даже голова начинала кружиться. Чтобы пейзаж казался не таким уж однообразным, здесь и там выглядывали из воды островки и скалы. Вдобавок можно было различить по меньшей мере три маяка. А в некоторые дни — даже пять.

— Смотри: это маяки, — растолковывал Перси Чернобою, указывая вдаль. — А вон там живут нудисты. Не больно-то интересно на них смотреть — так, ничего особенного.

Потом он обернулся ко мне.

— Где юго-запад?

— Там, — показал я.

— А вон в той стороне, Чернобой, находится Стуребю, — махнул рукой Перси. — Там мы живем.

— Приезжай к нам как-нибудь в гости, — пригласил я.

Чернобой посмотрел в сторону Стуребю и фыркнул.

Так мы разговаривали, Перси, Чернобой и я, вдыхая запах солнца, смолы и соли. Небо еще было ярко-синее, но на горизонте уже появилась темная полоса. Она все увеличивалась.

Мы провели коня до самого сигнального костра. Перси сказал, что на Чернобое теперь можно ездить верхом. Что он и делает каждое утро. И вчера тоже. Но все же поначалу надо дать коню немного ко мне привыкнуть — прежде чем я сяду к нему на спину.

— Зачем мне садиться ему на спину? Я же не умею ездить верхом!

— Так надо, — настаивал Перси.

— Зачем?

— Ради любви.

Перси напомнил мне слова Пии.

Она сказала, что ей влюбиться в меня так же невозможно, как любому из нас проскакать верхом на Чернобое.

— Что это значит? — спросил Перси и сам же ответил: — Выходит, если ты сможешь проскакать верхом на Чернобое, то и Пия сможет в тебя влюбиться.

— Верно, черт побери!

Я не любил ругаться. Но Перси с неумолимой логикой доказал мне, что мы с Пией можем быть вместе. Вот это да! Мне захотелось обнять друга. Теперь-то я понял, где он пропадал каждое утро. На конюшне у Эстермана. Набивал шишки и получал ссадины, приручая Чернобоя. Да он просто святой, этот Перси — настоящее чудо! Он мой кровный брат на веки вечные.

Ну что тут скажешь?

— Спасибо, — пробормотал я.

А потом поинтересовался, откуда ему столько известно о лошадях?

— Я научился этому в Шёвде.

Когда Перси там жил, их дом был рядом с бойней, куда привозили старых и больных лошадей.

— Я часто подходил к ним, — рассказал Перси. — Они стояли в загоне и смотрели на меня печальными глазами. Мне и самому тогда тяжело приходилось: друзей-то у меня там совсем не было. Дяденька, который присматривал за лошадьми, научил меня ездить верхом. Чтобы бедняги не думали день-деньской только о смерти, так он мне сказал.

— И они забывали о своих печалях?

— Ну, может, на время и забывали. А теперь расскажи-ка Чернобою, как называются все эти острова и маяки, а я тем временем подсажу тебя к нему на спину, — сказал Перси. — Скоро на дороге должна появиться Пия. И нам надо поспеть вовремя.

Мы поджидали ее у танцплощадки. Перси прислонился к афише фильма, который собирались показывать в следующий понедельник. Он грыз травинку и оглядывался на школу. А я — мне и самому не верилось! — восседал на спине Чернобоя. Мы прятались за густыми кустами, так что с дороги нас видно не было. Это Перси привел нас сюда и, прежде чем оставить одних, пошептал коню на ухо что-то успокаивающее.

Я похлопывал Чернобоя по шее и страшно нервничал.

— Миленький, не волнуйся и не будь таким, как прежде, — шептал я. — Девочку, которую мы ждем, зовут Пия. Я в нее влюблен. Теперь все только от тебя зависит.

— Хммм, — Чернобой будто откашлялся, чтобы заговорить.

Но сказать он ничего не успел. Потому что в этот момент сквозь просвет в кустах я увидел, как на дорогу вышел Перси. А в следующий миг Пия остановила возле него свой велосипед. На этот раз она была в голубой майке.

— Привет, — сказала она.

— Привет, — ответил Перси. — Красивая майка.

— Нравится?

— Да. Классный цвет. Помнишь, когда мы встретились здесь в прошлый раз, с нами был Уффе?

— Конечно.

— И ты тогда сказала, что тебе не полюбить его — так же, как ему не проскакать верхом на Чернобое. Помнишь?

— Ну да.

— Так вот смотри!

Перси свистнул — сначала тихонько, а потом погромче. Это был знак для Чернобоя. И конь со мной на спине сразу вышел из кустов на проселочную дорогу. Я крепко держался коленями и сидел не двигаясь, словно деревянный. Пия выпучила глаза и, казалось, вот-вот закричит.

— Не кричи, — попросил я. — А то вдруг он снова взбесится.

— Чернобой, — пробормотала она. — Это правда он? Быть не может!

— Все возможно, — возразил я. — Сама видишь. Значит, и мы можем быть вместе.

Я улыбнулся. И мне показалось, что Чернобой тоже улыбнулся. Но Пия посмотрела на меня серьезно.

— Ну? — спросил Перси.

— Нет, — ответила она. — Мне жаль. Все равно ничего не выйдет.

— Но вот же доказательство! — не вытерпел я.

— Ты ведь почти обещала, — напомнил Перси.

— Да, но я не то имела в виду.

— Значит, нет? — переспросил я.

— Нет, — повторила она.

Я посмотрел на Перси. Что он скажет? Но он ничего не сказал. Просто вскочил в седло передо мной и взял поводья. Всё. Никакой надежды. Я и сам это понимал. Мы молча отправились назад на Эстерманову конюшню. А небо тем временем все больше темнело. Мне хотелось оглянуться и посмотреть еще раз на Пию, но я изо всех сил сдерживал себя. Я понимал — это конец.

И какой прок от того, что нас встретили в поселке как героев? Еще бы — мы смогли приручить самого Чернобоя! Всем хотелось похлопать нас по плечу. «Как же вам удалось укротить его?» — спрашивали нас наперебой. Эстерман на радостях чуть не предложил нам табачку. А дедушка снял шляпу и поклонился. Его гладкая лысина сияла от гордости.

— Да вы просто гениальные балбесы! — сказал он.

Это была лучшая похвала на свете.

Но у меня все равно было тяжело на душе: ведь я так и не добился любви той, в которую был влюблен.

К вечеру поднялся ветер — словно из сочувствия. Он со свистом налетал от почерневшего горизонта, набирал побольше воздуху — так, что, казалось, всасывал море в себя, — а потом дул что было мочи. И с шипением гнал на берег гребешки волн.

Я стоял на краю причала, промокший до костей и продрогший на ветру, и, перекрикивая рев моря, орал всякие ругательства — те, которым научился за долгие годы от дедушки. А когда их запас иссяк, крикнул в небо:

— Почему ты все так устроил?

В ответ в вышине что-то заворчало, словно кто-то потревожил там тяжелые камни.

Глава 17

Я понимаю: от Бога милости не жди

Следующие дни выдались тяжелые и дождливые. Дедушка в основном возился в мастерской, выпрямляя старые ржавые гвозди. Бабушка сидела у окна. Мама топила печку. Брат вместе с учительским сынком собирал пластмассовую модель авианосца. А папа слушал прогнозы погоды.

— Тихо! Сейчас скажут о Восточной Швеции! — кричал он.

В разгар непрекращающегося пониженного давления в дверь постучал Классе. Он немного похудел, а в остальном был такой же, как всегда.

— Вот я и вернулся, — объявил он. — Слышал в поселке, что Пия дала тебе от ворот поворот.

— Это что, уже всем известно? — простонал я.

Похоже, вся Швеция надо мной потешается!

— Вроде бы, — сказал Классе. — Вот, держи — может, они тебе пригодятся.

Он протянул мне картонную коробку, завернутую в подарочную бумагу. Там лежала его коллекция мертвых жуков.

— Папа не желает больше держать их в доме, — объяснил он. — Я подумал, вдруг ты обрадуешься. Ими можно играть в войну.

Мы расставили наши армии на полу в кормовом салоне. У Классе была эскадрилья из майских жуков, божьих коровок и ягодных клопов. У Перси — флотилия из жуков-плавунцов, водомерок и водяных блох. А генерал Старк построил свои сухопутные войска: жужелиц, мертвоедов, черноусых могильщиков и жука-носорога.

— Ну как, хвойные иголки вкусные? — поинтересовался Перси.

— Да ничего особенного, — ответил Классе. — Жареные мухи похуже. А не осталось у вас кусочка того тигрового кекса?

— Не-а, всё съели, — сказал я. — Но могу предложить что-нибудь другое.

Я принес ему вареной колбасы.

Теперь можно было начинать войну. Навозные жуки поднялись в воздух и стали сбрасывать бомбы из камешков. Ягодные клопы-истребители скосили всех моих мертвоедов, так что черноусым могильщикам привалило работы. Жук-носорог напоролся на мину, и его разорвало в клочья. Вскоре пол был усыпан сломанными лапками, оторванными крыльями и раздавленными телами.

Печальная картина. Генерал Старк потерпел поражение.

— Да что с тобой такое? — спросил Классе.

— Сам знаешь.

Потом мы сели играть в старые настольные игры — те, что хранились на случай дождя в ящике комода: «Микадо» и «Людо». И даже игра «Спасение утопающих» меня не спасла — я все время проигрывал. Мои мысли блуждали где-то в стороне.

И от них мне веселее не становилось.

— У тебе что, мозги размокли, Уффе? — удивился Классе.

— Наверное.

— Тогда я зайду, когда ты поправишься. Мне пора домой — подкрепиться еще разок. После похода мне постоянно хочется есть. Проводите меня до поселка?

— Нет, — сказал я.

В поселке я был осмеян на веки вечные. Ноги моей там больше не будет. Бог специально мне это подстроил.

Да и не только мне.

Когда Классе ушел, я стал искать подтверждение в Библии. Там Бог вот так же подстраивал людям всякие испытания. И нашел. В Ветхом Завете оказалось полным-полно таких историй.

— Вот, например, эта, посмотри! — я показал Перси картину «Гибель войска фараона в Красном море», на которой солдаты и лошади тонут в огромных волнах. Потом мы еще поразглядывали изображение Всемирного потопа. А дождь тем временем стучал по крыше, журчал в водосточных трубах и бежал ручьями по оконным стеклам.

— А он лихой парень, этот Бог! — сказал Перси.

— И обожает лить воду на свои создания, — буркнул я.

Но тут явился папа и сказал, что хочет отдохнуть после обеда.

Мы пошли на улицу и принялись спасать червяков и улиток. Чтобы они не утонули, мы складывали их в деревянный ящик, где дедушка хранил свои обувные щетки: вынули банки с кремом и запустили туда всю эту мелочь. Потом вынесли ящик на балкон — повыше, чтобы вода не добралась.

«Ковчег Уффе и Перси» — написали мы сбоку.

— Они нам еще спасибо скажут, — радовался Перси.
— Ага, и упомянут нас в «Первой книге Улиток», — сказал я.

Гроза разразилась после обеда. Хотя напольные часы показывали всего пять, в доме стало совсем темно. Но бабушка не позволяла нам зажечь лампы — она считала, что электричество притягивает молнию.
— Пустое суеверие! — заявил папа. — Этому нет никаких доказательств.

Но зажечь свет нам все равно не разрешили.

А маме, которая готовила ужин, было велено не петь в кухне.
— Господи, уж не думаете ли вы, что мое пение притягивает молнии? — рассердилась мама.
— Никогда нельзя знать наверняка, — ответила бабушка.

Мама хмыкнула и стала напевать себе под нос песенку «Тучки дождевые».

Бабушка боялась грозы. С самого детства. С тех пор, как однажды шаровая молния, словно пылающий клубок, влетела к ним в дом, сделала пару кругов над обеденным столом, опалила хвост кошке и выскользнула наружу — так же внезапно, как и появилась.

— Представляете — просто страх! — вспоминала бабушка.

Она сидела на диване, сжав руки, и, казалось, еще больше постарела — даже морщин прибавилось. А где-то там внутри за всеми морщинками пряталась испуганная девочка, в глазах которой отражался шипящий огненный шар. Папа присел рядом. Положил руку бабушке на колено, чтобы ей было не так одиноко, и попытался объяснить всё про электричество, электроны, разряды и громоотводы.

— А ты, Ульф, знаешь, кто изобрел громоотвод? — спросил он меня.

— Франклин Рузвельт.

Конечно, я знал правильный ответ, просто захотел пошутить. Но никто не рассмеялся.

— Бенджамин Франклин, — поправил меня папа. — На крыше школы есть громоотвод, так что тебе, мама, нечего бояться.

Папа надеялся, что научные сведения помогут бабушке успокоиться.

Но ошибался.

— А кухонная дверь надежно заперта, Курт? — встревожилась бабушка.

— Мама, ты уже два раза спрашивала. Ничего нашей крыше не сделается. Гроза далеко.

— Но она приближается, — вставил я. — Я уже успеваю досчитать до десяти.

Я считал, сколько времени проходит между вспышкой молнии и разрядом грома — если это делать всё время в одном и том же темпе, можно определить, как далеко опасность.

Я старался считать помедленнее, чтобы напугать бабушку.

Мы с братом всегда так делали. Но теперь он вырос, и на грозу ему было наплевать. Он лежал на кровати и при свете фонарика читал комиксы.

А мы с Перси несли вахту у окна. Вот еще раз блеснуло, но уже слабее.

— Смотри, бабушка, какая молния! — крикнул я.

Я стал считать медленно-медленно, так что успел досчитать лишь до пяти.

— Теперь гроза всего в пяти километрах!

Не знаю, почему мне так нравилось пугать бабушку. Может, потому, что она обычно была такая спокойная. Погруженная в свой собственный мир, она сидела на стуле у окна и казалась тихой и недоступной в мягком облаке сигаретного дыма. А сегодня, когда самому было тошно, мне словно легче становилось, когда я пугал бабушку.

— Скоро она и до нас доберется!

И тут в самом деле сверкнула страшная молния. Она прочертила на темном небе ослепительный зигзаг, словно это Зорро вырезал букву «Z» концом своей шпаги. И вскоре раздался удар грома — такой, что стекла задрожали.

Бабушка закрыла глаза руками.

— Вот это да! — заорал я. — Ого-го, какая молнища!

— Ух ты черт! — пробормотал Перси с искренним удивлением.

И тут из мастерской вернулся дедушка; мы не слышали, как он пришел. Он остановился на пороге, с полей шляпы капал дождь. Дедушка был страшно сердит.

— Зачем вы пугаете бабушку, негодники! — гаркнул он. — Прекратите сейчас же!

Казалось, ему хотелось самому присесть рядом с бабушкой, взять ее за руку и отогнать ее страхи. Но на его месте сидел папа.

— Не бойся, Эрика, — только и сказал дедушка.

— Бог обо мне позаботится, — ответила бабушка.

Тут в меня словно бес вселился.

— Бог! — выкрикнул я. — Да с чего ты взяла, что он станет о ком-то заботиться? Этого от него не дождешься! Ну скажи, дедушка, как можно было дать человеку такое дурацкое имечко — Готфрид?[7]

— Так ты, значит, считаешь его дурацким? — спросил он.

— Да! Потому что Богу наплевать на мир и покой, он знать не желает никакого спокойствия, — сказал я.

— Не смей так говорить о Боге, Ульф, — одернула меня бабушка.

— А ему что, всё можно?

7 Имя Готфрид переводится как «божественное спокойствие».

— Мальчик мой, — в испуге проговорила бабушка, — думай, что говоришь! Бог есть любовь!

— Вовсе нет! — не унимался я. — Да и что ты, бабушка, понимаешь в любви? Ты даже дедушку не можешь полюбить, а он-то любит тебя всю жизнь. Это как огромный камень у него на сердце. Ну почему ты тоже не можешь любить его!

Бабушка было встала, но потом снова тяжело опустилась на диван.

— Сама не знаю, — проговорила она.

Тут дедушка ударил по дверному косяку.

— Ну-ка замолчите, молокососы! — рявкнул он. — Ни слова больше, поняли? Я пойду вымою ноги. А когда вернусь, чтобы вы и пикнуть не смели!

Мы слышали, как дед наливает теплую воду из крана у плиты. Он вынес на двор большой медный таз и хлопнул дверью.

Нам почудилось, будто дедушка унес с собой из комнаты все звуки.

Дом, ветер и гроза словно умолкли на веки вечные, нам даже показалось, что всё уже позади: вот-вот разойдутся тучи и выглянет солнце. Бабушка встала и подошла к зеркалу причесаться.

Вдруг комната озарилась ярким светом, словно кто-то включил разом тысячи ламп. Раздался страшный грохот. Зеркало на стене сдвинулось, напольные часы затрещали, стены задрожали. По проводам на потолке побежали шипящие синие искры. В прихожей сам по себе зазвонил черный телефон.

— Не снимайте трубку, мальчики. Это всё молния, — прошептала бабушка.

— О Господи! — пробормотала мама и закрыла лицо руками, забыв, что они у нее в тесте. А она-то грозы никогда не боялась.

Мы все притихли.

Немного погодя в комнату вернулся дедушка. Он был бледный как мел, а остатки волос на голове торчали дыбом. Штанины так и остались подвернуты. Дедушка двигался прыжками, оставляя мокрые пятна на полу, и ловил ртом воздух. Я посмотрел на его ноги. Вены на них вздулись, словно кто-то нарисовал их черной краской прямо на коже.

— Что с тобой, папа? — спросил мой отец.

— Эта чертова молния ударила прямо мне в ноги!

Бабушка бросилась к дедушке, раскрыв руки. Он стоял и смотрел, как она приближается к нему. И так вцепился в дверной косяк, что суставы побелели. Он пошатывался из стороны в сторону, но не сводил глаз с бабушки.

— Дорогой, дорогой мой, — повторяла она.

Глаза дедушки покраснели. Он моргнул.

— Так ты меня любишь, Эрика?

— Милый Готфрид, не говори сейчас ничего!

— Любишь ты меня? — повторил дедушка.

— Нет, — прошептала бабушка тихо-тихо.

Дед взмахнул руками и снова их опустил, как будто не знал, что с ними делать. Он заморгал, словно не узнавал ничего вокруг, и, шатаясь, вышел на дождь.

— Отец! — окликнул его мой папа.

Я увидел в окно, что дедушка пошел к черному камню, который лежал на грядке клубники, и прислонился к нему лбом. А затем обхватил его руками, издал бешеный рык и оторвал валун от земли. На какой-то миг он застыл так, пошатываясь, словно удивляясь тому, какой он тяжелый. А затем поковылял к обрыву и скинул камень вниз.

Потом еще немного постоял и посмотрел, как тот катится к воде.

Мне показалось, что он улыбается.

— Наконец-то я с тобой расправился! — крикнул он.

И вдруг упал.

— О господи! — охнула бабушка.

Пришлось бежать за помощью к учителю, иначе мы бы никогда не дотащили дедушку до койки в его каюте. Мы уложили его. Папа посветил ему в глаза фонариком и послушал сердце. Потом спросил дедушку, помнит ли он, как его зовут.

— Не мели чепухи! — проворчал дедушка еле слышно.

— У него инсульт, — заключил папа.

Через час приехал доктор и сказал то же самое. Он хотел отправить дедушку на самолете в больницу. Но дедушка вцепился в свою койку.

— Никуда я отсюда не сдвинусь! — сказал он. — Никогда. *NEVER*!

— Но, милый папа... — начал мой папа.

«Вовсе я не милый. И никогда им не был» — нацарапал дедушка на клочке бумаги, потому что говорить он больше не мог.

— Пусть Готфрид остается дома, раз он так хочет, — решила бабушка.

— Тогда я ни за что не отвечаю, — заявил папа.

— Я сама отвечу, — сказала бабушка.

В тот вечер я отправился перед сном в кормовой салон — посмотреть еще раз картинки в Библии. Мне казалось, я уже видел такую точно молнию, как та, что ударила в ноги дедушке. Я листал книгу, пока не добрался до страницы 483.

И там я нашел ее.

Картина называлась «Илия низводит огонь на грешников».

Из темных туч в самом верху страницы вылетала, словно огромный сноп сварочных искр, белая молния. Она сжигала все на своем пути, от одного человека осталась лишь кучка пепла.

Такая расплата ждет каждого, кто разгневает Бога.

А ведь я именно так и поступил!

Я коснулся лбом Библии, как раньше — пола каюты в лодке, когда меня укачивало.

— Боже милостивый, забудь все то, что я наговорил! Я просто очень расстроился. Пусть только дедушка поправится. Ему и так чертовски не везло, согласись.

И тут зазвонил телефон.

Но это был не Бог. И молния на этот раз была тоже ни при чем. Это звонила мама Перси, она хотела поговорить с ним — спросить, как ему отдыхается, и сказать, что у них всё в порядке, они прекрасно путешествуют.

Я услышал, как Перси ответил:

— У меня все хорошо.

А потом связь прервалась.

Глава 18
Куда подевались мои волосы?

С того дня бабушка сама ухаживала за дедушкой. Никому больше не позволяла о нем заботиться. Сама жарила ему котлеты и на обед, и на ужин, а потом резала их на маленькие кусочки. Она чистила дедушкин зубной протез и выносила за ним горшок. Проветривала одеяло и простыни, стригла ему ногти на ногах и обтирала его мокрым полотенцем.

Только брить себя дедушка ей не позволял.

Теперь бабушка то и дело оставляла свое место у окна и уходила к дедушке в его каюту — поговорить о том о сем. А дедушка лежал, смотрел голубыми глазами в потолок и иногда улыбался, словно разглядел что-то забавное там, наверху. Я сам это видел. Кроме бабушки, входить туда разрешалось только нам с Перси.

— Что ты там увидел, дедушка? — спрашивал я.

— Небо над прериями, — отвечал он.

Поди пойми!

Дедушка был не похож на самого себя. Он даже пукать больше не мог. Темно-синие жалюзи в его комнате были постоянно опущены, потому что он не переносил света.

— Спокойной ночи, ребятки, — говорил он нам — неважно, было ли на самом деле утро или вечер. И просил: — Почитай мне немного, Перси.

Дедушка всегда просил читать только Перси. И Перси никогда ему не отказывал. Доставал старую книжку про Буффало Билла и начинал читать. И вот что удивительно: чем старше становился Буффало в книге, чем больше с ним случалось приключений, тем бодрее становился дедушка. Он тихонько посмеивался, словно вспоминал что-то давно забытое.

— Вот-вот, — приговаривал он. — Читай же дальше.

И Перси читал дальше.

— «Пожалуй, мы с Диким Биллом перебрали с выпивкой в тот вечер. Генерал Карр сказал мне: “Тут в округе полным-полно антилоп. Можешь немного поохотиться, пока мы здесь стоим”. Я не замедлил воспользоваться этим предложением и подстрелил за день двадцать или двадцать пять антилоп, обеспечив весь лагерь свежим мясом».

— Да-да, именно так все и было, ребятки, — пробормотал дедушка. — Двадцать семь антилоп, не больше и не меньше. Или даже двадцать восемь. Разрази меня гром! Такие это были времена.

И тут он впервые пукнул.

Звук был, конечно, совсем не тот, что прежде, но всё же.

— Да ты скоро поправишься! — подбодрил я его.

— А может, я этого и не хочу, Ульф, — прошептал дедушка и подмигнул мне. — Только смотри, не проболтайся!

— Ладно.

— И вот еще что, — добавил он, — спроси бабушку, сохранилась ли у нее та фотография с надписью. Понимаешь, о какой я говорю?

— Ага, — кивнул я.

— И попроси бабушку принести ее в следующий раз.

Я не стал откладывать его просьбу в долгий ящик. Бабушка стояла на кухне, мыла дедушкину тарелку и тихо напевала себе под нос.

— Дедушка спрашивает, сохранилась ли у тебя фотография Буффало Билла, — выпалил я.

Бабушка повернулась. Вечернее солнце разрумянило ей щеки.

— Где-нибудь, наверное, лежит. Зачем она ему?

— Не знаю.

Теперь, когда дедушка слег, у нас с Перси прибавилось забот. У дедушки на тумбочке лежал свисток, и он свистел в него, если хотел нас позвать. А когда мы прибегали, раздавал нам поручения:

— Нарубите дров!

Мы исполняли.

Что еще? Пололи сорняки, копали картошку, чинили водосточный желоб, носили дождевую воду из бочек, чтобы бабушка могла вымыть волосы.

— Ну как, Уффе, — спросил однажды Перси, когда мы чистили камин в гостиной, — перестал сохнуть по Пии?

— Пока нет. Просто у меня сейчас нет времени думать об этом.

— Хочешь, сгоняем в поселок, проверим, сможешь ли ты устоять, если с ней встретишься?

— Этого я никогда не смогу. Точно.

— Ну, может, не сразу, — кивнул Перси, подумав. — Это как со шпинатом. Надо к нему привыкнуть, а то сперва в горло не лезет.

— Ну да.

Тут раздался дедушкин свист. Мы захлопнули дверцу камина и помчались к нему. Когда мы влетели в комнату, дедушка лежал на двух подушках и смотрел на часы. На тумбочке стояла фотография Буффало Билла.

— Что-то вы еле ноги таскаете, лентяи! — гаркнул он.

Его дела явно шли на поправку.

— Чего ты хочешь, дедушка? — спросил я.

— Дедушка-дедушка, — передразнил он. — Хочу посмотреть, как я выгляжу, ясное дело! Ну-ка тащите сюда зеркало, да поживее!

Мы помчались за ручным зеркалом в оправе из вишневого дерева — дедушка сам его сделал для бабушки. Зеркало лежало в ящике с ее украшениями. Чего там только не было: щетки, расчески, пудра, кольца и серьги, а еще — флаконы с дорогими духами. Но нам некогда было это разглядывать.

Мы слетали туда и обратно в мгновение ока.

А когда вернулись, дедушка сидел и рассматривал фотокарточку: охотник на бизонов верхом на лошади.

— Быстро мы сгоняли? — спросил Перси.

— Ну, ничего, — проворчал дедушка. — Давайте сюда зеркало, да поднимите жалюзи.

Солнечный луч ворвался в форточку, и дедушка зажмурился: его глаза отвыкли от света. Так бывает после дневного киносеанса, когда выходишь из темного кинозала на яркий свет.

— Ну-ка, теперь посмотрим, — сказал дедушка, поднял зеркало и стал рассматривать себя — долго и тщательно.

— Нравится? — спросил Перси.

— Нравится — не нравится, — пробурчал дедушка неуверенно. — Уж и не знаю. Что-то я себя не узнаю. Я что, и вправду такой?

— А какой же еще? — удивился я.

— Мне казалось, что лицо у меня подлиннее и похудее, — ответил дедушка. — А тут я похож на какую-то чертову фрикадельку! И куда, скажите, подевались мои волосы? И борода?

— Какие волосы? — переспросил я.

— Те, что развевались на ветру, — мрачно сказал дедушка.

— Их сдуло, — предположил Перси. — Но борода-то еще отрастет. Вон какая щетина уже появилась.

Перси провел ладонью по шершавому дедушкиному подбородку. Щетина кололась и царапалась.

— Верно, — согласился дедушка. — Надо только подождать.

Он вернул нам зеркало, потом снова откинулся на подушки, закрыл глаза и задышал ровно и спокойно, как будто заснул. Мы собрались уже опустить жалюзи и уйти, но дедушка вдруг открыл глаза.

— Ах, это вы ребятки, — проговорил он, словно мы только что появились из ниоткуда. — Вот какие дела: я лежал тут и думал, не принесете ли вы мне букетик настурции. А еще — стакан морской воды и ветку крапивы побольше.

— Зачем тебе?

— Хочу их вспомнить, — объяснил дедушка. — Понимаете, тот чертов камень, который я швырнул с обрыва, унес с собой много чего в придачу: запахи и вкусы, воспоминания и все такое.

— Воспоминания о чем? — не понял Перси.

— Ну, это вам еще не понять — умишка маловато, — сказал дедушка. — Ну же, возьмите рабочие перчатки и живо за дело!

И он махнул рукой, отсылая нас прочь.

— Но возвращайтесь поскорее.

— Куда это вы? — спросил папа. Он сидел в шезлонге у крыльца.

Последнее время он всегда отрывался от кроссворда, когда мы пробегали мимо.

— Дедушка попросил принести ему стакан морской воды, — объяснил я.

— Теперь ему еще и морская вода понадобилась! Знаете, что я нашел вчера у него на балконе?

— Нет.

— Ящик для обувных щеток. Догадайтесь, что в нем было? Улитки и черви! Совсем из ума выжил!

— Это мы их туда запустили, — признался Перси. — Хотели спасти божьих тварей.

— Похвально, что вы пытаетесь выгородить дедушку, — сказал папа, — но все же его лучше было отправить в больницу.

И он снова погрузился в кроссворд, а мы помчались к берегу и там, балансируя на мокрых камнях, наполнили стакан морской водой. На обратном пути мы прошли мимо погреба — там были самые густые заросли крапивы. Мы сорвали здоровенную плеть, а потом отправились за настурцией.

На тропинке нам повстречался Классе, он хотел нас проведать.

— Ну что, Уффе, как настроение? Получше?

— Да нет вообще-то.

— Тогда я, пожалуй, зайду через пару деньков.

И ушел. А мы сходили на огород, сорвали несколько цветков[8] и принесли всё дедушке.

— Вот спасибо! — обрадовался он.

— А что ты теперь будешь делать? — спросил я.

— Цветы я понюхаю, — сказал он.

Дедушка уткнул в красно-желтый букет свой большой нос и вдохнул с такой силой, что лепестки засосало в ноздри. Раз, и еще раз.

— Значит, вот как они пахнут, — пробормотал он. — Совсем не плохо!

Потом взял стакан с морской водой. И тоже сначала понюхал, а потом отпил большой глоток, пожурчал в горле и проглотил. Поморщился и стал отплевываться. Даже послал нас на кухню почистить его зубной протез, чтобы избавиться от противного вкуса.

— Тьфу! Тьфу! — плевался он. — Ну и гадость!

А под конец дедушка надел рабочую рукавицу, взял крапиву и шлепнул себя по руке.

— А-а-ой! — завопил он. — Жжется! Как я и ожидал.

— Знаю, — сказал я. — Хочешь, принесу уксус и вату?

— Ладно, давай, если хочешь, — согласился дедушка.

8 В Швеции настурцию выращивают как салат и употребляют в пищу.

На этот раз настал мой черед лечить дедушку.

— Ну как? — спросил он, пока я мазал его крапивные ожоги. — Сердце-то всё болит?

— Да, — признался я.

— Знаешь, если один человек не может полюбить другого — это не его вина. Поэтому надо стараться не влюбляться в тех, кто не сможет ответить тебе взаимностью.

— Да я знаю. Но как тут угадаешь?

— Верно, — кивнул дедушка.

Потом он поудобнее устроился на своей койке, накрыл живот одеялом, на подушку положил настурции и стал ждать, когда отрастет борода. Мы с Перси уже было собрались улизнуть потихоньку и пойти купаться, но тут дедушка вскинул руку в рабочей рукавице.

— Передайте привет генералу Карру, ребятки! — велел он.

Глава 19
Я учусь думать о вареных рыбьих глазах

Прошло несколько дней. Мы сидели на белой садовой скамейке и чистили картошку. Я — своей финкой, а Перси — складным ножом. Мы сами ее накопали, и теперь коричневые клубни отмокали в ведре с морской водой, чтобы глина отвалилась. С непривычки чистка картофеля давалась нам нелегко.

Раньше мы всегда варили картофель в мундире. Но после того как дедушке в ноги ударила молния, он требовал, чтобы картошку чистили.

Кастрюля медленно наполнялась белыми очищенными картофелинами.

— Смотри-ка, эта похожа на генерала де Голля, — сказал я.

— А эта — на Лекса Лютора, — подхватил Перси, указывая на круглую уродливую картофелину.

И впрямь одна была похожа на француза, а другая — на злейшего врага Супермена.

Так мы развлекались. Придумывали, на кого похожи картофелины. Потом пришел дедушка. Он ходил на скалу, чтобы поднять флаг.

— Не перетрудитесь, ребятки, — сказал он.

— Да нам даже нравится, — ответил Перси.

— Ну, есть занятия и поинтереснее, — сказал дедушка.

Его было не узнать. Он стал бодрее и веселее — не то что прежде.

Он снова ожил. Ходил повсюду и даже, казалось, перестал сутулиться. Он заделался щеголем — носил теперь жилетку и шляпу. А вот очки надевать отказывался, поэтому иногда забредал не туда. Но нисколечки из-за этого не огорчался.

— Кто не сбивается с дороги, тот никогда ничего не находит, — считал он.

Однажды он забрел к сапожнику, который жил за лугом. И по этому случаю заказал себе новые кожаные сапоги со скошенными каблуками и прошивкой на голенищах — ничего подобного в поселке не видывали. Да еще заплатил вперед, не торгуясь.

К тому же теперь он то и дело вставлял в свою речь английские словечки.

— Готфрид, иди домой! — позвала бабушка — она волновалась за него.

— Любимая зовет, — подмигнул нам дедушка. — *See you later, boys*[9].

И приложил два пальца к полям шляпы в знак приветствия. Но прежде чем зайти в дом, провел на ходу рукой по подбородку — проверить, в порядке ли борода. Все было как надо. Щетина уже отросла и была совсем белая.

— *Soon*, — пробормотал он. — *Very soon*[10].

Дедушка ушел, а мы с Перси продолжили молча чистить картошку.

Не знаю, о чем думал Перси. А я размышлял о том, с какой заботой стала бабушка относиться к дедушке в последнее время. Потом мысли мои как-то незаметно перескочили на Пию. Вот бы и она ко мне переменилась!

Я швырнул в ведро недочищенную картофелину, и вода брызнула во все стороны.

— Ты чего? — крикнул Перси.

— Никогда мне от нее не освободиться! Вот опять вспомнил о Пии. А я-то надеялся, что забыл ее. Видно, этому никогда не бывать.

9 Пока, ребята *(здесь и далее англ.)*.

10 Скоро. Очень скоро.

— И что же ты вспомнил?

— Да всё. Как от нее пахнет. Как она шмыгает носом, когда у нее насморк. И как ездит на велосипеде.

— Тебе это нравится?

— А как ты думаешь? Конечно!

— Вот в этом-то и загвоздка! Надо тебе от этого отделаться.

— Спасибо за совет. И как же?

— Ну-ка, закрой глаза и подумай о ней. Посмотришь, что получится.

Я послушался. Сперва я ничего не видел. Но потом увидел, как Пия наклонилась надо мной, как в тот раз — целую вечность назад, когда я ловил ее щуку, упал и раскроил себе бровь. Я увидел ее озорные глаза. А потом — встревоженное лицо, мне показалось, что она вот-вот снова накроет меня розовым махровым полотенцем, пропитанным ее запахом.

— Ну, что — видишь ее? — тихо спросил Перси.

— Да, — прошептал я.

Это было как наваждение.

Тут Перси вылил на мою полную тяжелых дум башку целое ведро морской воды — вместе с очистками, генералом де Голлем, картошкой-Лютором и двумя килограммами увесистых клубней в придачу.

— Ты чего? Зачем ты это сделал? — заорал я.

— Для твоей же пользы, — объяснил Перси.

— Да ты просто придурок! — выкрикнул я.

— Вот и нет, — сказал он.

Перси объяснил мне, что это единственный способ избавиться от несчастной любви. Отныне всякий раз, как я ее вспомню, мне надо подумать о чем-нибудь неприятном. Тогда от одного взгляда на Пию мне будет делаться тошно.

— Я тебе помогу, — пообещал Перси.

— Спасибо, — буркнул я, чувствуя, как грязная вода стекает мне за шиворот.

Мы отправились на пристань и снова наполнили ведро, а потом дочистили картошку и отнесли ее маме на кухню.

— Обед будет готов через час, — предупредила мама.

— Тогда я пока схожу проведаю Чернобоя, — решил Перси. — А то еще подумает, что я о нем забыл. Пойдешь со мной, Уффе?

— Нет. Мне надо вымыть голову.

Я смыл с волос картофельные очистки и комья земли и надел чистую майку, а потом отправился к причалу, прихватив с собой восковые мелки, которые мне подарили на день рождения.

В расселине лежала щучья голова, скалила острые зубы и таращилась на меня пустыми глазницами. Это была та самая щука, которую потрошила Пия в самом начале лета, когда мы только приехали.

— Пия, — проговорил я и ударил себя по щеке — для острастки.

А потом пошел в будку у пристани и нашел там свою надпись на стене:

Сердце разбито — что ж, не беда!
Карлсона клей поможет всегда!

Я достал красный мелок из коробки и вывел здоровенными буквами:

Чепуха на постном масле!

Потом прикрыл дверь и посидел в темноте, чтобы никто не увидел моих слез.

В следующие дни Перси из кожи вон лез, чтобы излечить меня от любви.

Мы спрятались за камнем высоко на скале у сигнального костра и следили за дорогой в дедушкин бинокль — ждали, когда Пия на полной скорости прокатит на своем велике к магазину.

— Вон она, — шепнул Перси. — Смотри, не забудь, что надо делать.

Он протянул мне бинокль. Дрожащими руками я поднес его к глазам и перевернул задом наперед, как он велел, чтобы Пия казалась лишь маленькой мошкой далеко-далеко. Но сердце все равно щемило.

— О чем ты думаешь? — спросил Перси.

— О Пии.

— Да возьми же себя в руки! Соберись хорошенько с мыслями. Ну?

— Печенка, — сказал я. — Печенка и пригорелая картошка.

— А еще?

— Мясные фрикадельки в белом соусе.

И вдруг мне немного полегчало. Вместо симпатичного лица перед моим внутренним взором возникала клейкая белая жижа с дрожащими жирными кусками. Мне и вправду стало не по себе. Я даже смог перевернуть бинокль и еще раз посмотреть на нее, когда она возвращалась из магазина.

— Ну как? — спросил Перси, когда Пия скрылась из виду.

— Пока не очень. Но я уже на пути к выздоровлению.

Перси одобрительно похлопал меня по плечу.

— Молодчага! Завтра мы подползем поближе. Только вспомни что-нибудь похуже.

Когда мы пришли домой, оказалось, что звонил папа Перси. Они с мамой вернулись из похода. Отлично отдохнули, даже дождь им не помешал, и теперь ждали, когда их сынок приедет домой. А еще папа спросил, научился ли Перси плавать и может ли проплыть двадцать метров.

— Черт! — буркнул Перси.

— Неужели тебе не хочется их увидеть? — удивилась моя мама.

— Ну ясное дело.

— Да ладно, спешки особой нет, — вмешался дедушка.

— Что скажешь, Перси? — спросил папа. — Здорово будет вернуться домой?

— Да, — кивнул Перси и покосился на меня. — Но мне надо пробыть здесь еще четыре дня.

Это выдались горячие денечки.

Перси должен был научиться плавать — так, чтобы проплыть двадцать метров. Мне тоже нужны были тренировки — чтобы излечиться от любви.

По утрам я плавал с Перси у нашей пристани. А по вечерам мы тайком следили за Пией, я учился смотреть на нее и думать о всяких ужасах и гадостях: вспоминал, как разбил дома окно и как папа рассердился, решив, что я это нарочно. И как упал с качелей и ударился затылком, так что новый белый свитер, связанный мамой, испачкался в крови, и меня пришлось везти к врачу накладывать швы. Как я в гостях у приятеля из вежливости съел салаку, которую терпеть не могу, и меня после этого стошнило на платье его мамы.

Чего со мной только не случалось!

На этот раз мы стояли за кустами у танцплощадки и ждали, когда Пия промчится мимо на своем велике. Я смотрел на ее загорелые ноги, которые что есть силы вертели педали, и блузку, раздувавшуюся на ветру.

Меня подташнивало.

Потому что я вспоминал о той старой рвоте из моего детства и вдобавок прижимал к животу холодную мокрую жабу — ее мне дал Перси.

— Это поможет, — заверил он. И оказался прав.

Меня снова чуть не вырвало.

— Отлично, — сказал Перси. — Завтра повстречаешься с ней мельком. Сможешь?

— Ну не знаю. Это непросто.

— Это твой последний шанс.

На следующий день после обеда мы спустились в поселок. Пии во дворе не было. Ее мама понятия не имела, куда она подевалась. Мы всю округу обыскали и наконец заметили ее у старого маяка. Там были еще Данне, Классе, Биргитта и Кикки. Они купались. И развели костер на берегу, хотя это и запрещено.

Пия только что вылезла из воды и сидела на камне у огня, завернувшись в полотенце. Мы остановились за ольхой.

— Ну давай же! — шепнул Перси.

— А может, наплюем на все это?

— Ну уж нет! Помни: ты должен с ней заговорить. А сам все время вспоминай всякие гадости.

— Ладно, — кивнул я и направился к Пии. Хотя на самом деле мне хотелось дать деру и никогда больше сюда не возвращаться. Перси шел за мной и следил, чтобы я не сдрейфил. Классе, Леффе и все остальные молча проводили меня взглядами. Я остановился перед Пией.

— Привет.

— Привет, — ответила она, даже не посмотрев на меня. — Чего тебе?

— Просто хотел поздороваться.

Я застыл на месте, смотрел на нее и чувствовал, как живот сжимает судорога, мне даже пришлось сглотнуть и крепче стиснуть губы.

— Что ты на меня уставился? — рассердилась она. — И зачем корчишь рожи? Что у тебя на уме?

— Вареные рыбьи глаза, — сказал я.

Классе ухмыльнулся. Я еще раз сглотнул: вареные рыбьи глаза — самое отвратительное на свете. Когда бабушка выковыривала глаза у отварной трески, совала их в рот и причмокивала, я не мог на это смотреть. И вот теперь я представлял, как она пережевывает эти белые маленькие комочки с черными зрачками.

— Класс, — сказала Пия. — А ты, Перси? Ты о чем думаешь?

— О том, что скоро вернусь домой. Но я рад, что мы познакомились.

— И я.

Потом мы с Перси пошли к дому. На прощание Классе показал мне два поднятых вверх пальца — знак победы. Но кто победил? Высоко в синем небе сновали ласточки. По дороге скакал чибис. Перси обнял меня за плечи.

— Молодец! Видишь, у тебя получилось! Ну, как ты теперь себя чувствуешь?

— Меня до сих пор тошнит.

— Значит, самое худшее позади.

Глава 20

Дедушка побрился и стал как новенький

Когда мы вернулись вечером, то увидели, что дедушка вынес на улицу тазик с теплой водой, поставил его на каменную полочку у крыльца и улыбнулся белкам и воронам.

Он был в одной майке, подтяжки свисали по бокам, а шляпу он сдвинул на затылок. На ногах были новые сапоги. Клетчатую рубашку он положил на землю в сторонке.

— Вы как раз вовремя, — сказал дедушка. — Сейчас все начнется.

— Что? — спросили мы.

— *I don't say a word*[11], — ответил он.

Над полкой был ящик с землей, где росли земляника, мак и настурция. Дедушка воткнул в землю бабушкино зеркало. Солнце отражалось в нем

11 Я лучше промолчу.

и посылало во все стороны солнечные зайчики. Рядышком стояла фотография Буффало Билла в кожаной куртке с бахромой и ковбойской шляпе.

— Дедушка решил побриться? — спросил я.

— Понятия не имею, — ответил дедушка, как будто речь шла не о нем.

— Что-что? — не понял Перси.

— *He does what he does*[12], — сказал дедушка.

И принялся взбивать мыльную пену в кофейной чашке. Чайка спустилась с неба, уселась на трубу и наблюдала за ним. Дедушка раскрыл бритву, провел ей взад и вперед по кожаному ремню, чтобы наточить как следует. Он напевал какую-то мелодию, я никогда ее не слышал. Да я вообще не слышал, чтобы он пел! Из дома вышла бабушка и замерла на крыльце.

— Я только…

Она хотела сказать, что ужин скоро будет готов, но не договорила. Солнечные зайчики от бритвы попали ей в глаза. Она зажмурилась, да так и осталась стоять, наблюдая, как дедушка намыливает щеки и шею.

— Что вы хотели сказать? — спросил Перси.

Но бабушка приложила палец к губам.

12 Пусть делает, что хочет.

Дедушка тоже промолчал, потому что боялся порезать шею: там кожа была дряблая и ее легко было поранить. Но его отражение в зеркале подмигнуло бабушке. Дедушка водил бритвой по щекам, а затем споласкивал ее в тазу.

Он просто брился, в этом не было ничего особенного.

Но нам казалось, что мы стали свидетелями очень важного события, о каком впору писать в Библии. Или в книге про Буффало Билла.

Наконец у дедушки остались лишь усы и клочок волос на подбородке. Он взял бабушкины маникюрные ножницы и подровнял его так, что получилась небольшая остренькая бородка — точь-в-точь как у Буффало Билла на фотографии.

Дедушка надел рубашку, сдвинул шляпу с затылка на лоб и повернулся к бабушке:

— Ну, нравится?

По его лицу скользнула тень сомнения, но бабушка вытерла руки о передник и улыбнулась.

— Готфрид, дорогой, — проговорила она.

— Можешь называть меня Буффало Билл. Ну что, ужин скоро?

— Ужин? Ах да, ну конечно! — она вдруг покраснела.

— *I love you, honey*[13], — сказал дедушка.

Но прежде чем подойти к ней, обернулся к нам, достал листок бумаги из кармана брюк и прошептал:

— Эй, отнесите-ка эту записку учителю.

Бабушка поставила на большой дубовый стол лучшие тарелки. Постелила белую скатерть. А еще собрала полевые цветы, шиповник, настурцию и расставила в банках здесь и там.

Котлеты на блюде пахли так, что слюнки текли. Вообще-то дедушка ел их каждый день. Но он и любил их больше всего.

— Мне жаль, но соус получился с комками, — сказала бабушка.

— *Don't worry*[14], — ответил дедушка, который вообще-то комки терпеть не мог.

Он положил себе картошку и полил щедро соусом. В салатнице лежали еще вареные морковь и горох — если кто захочет. Дедушка не захотел.

А вот выпить он был не прочь.

Бабушка поставила им с папой по рюмке водки.

13 Я люблю тебя, милая.

14 Не волнуйся.

— *Cheerio, junior!*[15] — поднял рюмку дедушка.
— Может, тебе не стоит пить? — заволновался папа.
— От одной рюмочки вреда не будет, — вступилась бабушка.

И они выпили. Потом настал черед еды. Бабушке было трудно жевать мясо, так что она брала лишь вареную морковь. Она не сводила глаз с дедушки. В вазе на столе красовалась большущая чайная роза — «Глория дей», так этот сорт называется, а еще ее называют «Розой мира». Мне казалось, что бабушка сама похожа на эту розу — такая же бело-розовая: белые волосы и розовые щеки.

— Вкусно? — спросила она.
— *Very*[16], — похвалил дедушка.

Он явно был в хорошем настроении, но говорил мало, потому что знал не так много английских слов.

— *Wait*[17], черт побери. Я кое-что *forgotten*[18], — спохватился он, поднялся с места, подошел к окну и распахнул его. Взял свисток и подал долгий громкий сигнал. Послышался кашель, а затем воздух наполнился звуками самой прекрасной музыки на свете. Это была мелодия из ковбойского фильма. Мы

15 Будьте здоровы, парни!
16 Очень.
17 Подождите.
18 забыл.

с Перси много их пересмотрели. Там еще парень в шляпе и в рубашке с закатанными рукавами играет в салуне что-то веселое и грустное одновременно, а перед ним на рояле — бокал вина. А потом как все схватятся за свои револьверы и давай палить друг в дружку.

— Я попросил учителя, чтобы он открыл окно и сыграл эту мелодию для самой красивой Розы Прерий, — сказал дедушка. — «*Play it*[19] как можно громче и лучше», — написал я.

Бабушка утерла глаза салфеткой. Мелодия и в самом деле была прекрасная. И учитель почти не кашлял, пока играл.

— Может, всё же позвоним доктору? — встревожился папа и отодвинул тарелку, хотя еще не доел ни картошку, ни мясо.

— Не надо, — отмахнулась бабушка.

А когда дедушка поцеловал ее после ужина, она не отстранилась. Как странно: дедушку полюбить она не смогла, а вот в этого нетвердо стоящего на ногах Буффало Билла в серой шляпе, который говорил на корявом английском, кажется, влюбилась по-настоящему.

19 Играй.

— Хотите, я прочту вам вечером последнюю главу? — предложил Перси. — Я ведь завтра уезжаю. Мне нравится читать вслух.

— *Thank you*[20], — сказал дедушка. — Не надо. Читай ее вслух себе. Хотя надо признаться, *boys*[21], я там приврал немного. Так, для красного словца. Всякого напридумывал. И вот еще что: не будите меня завтра утром. Я, может, вечером чуток поплутаю, так что потом мне надо будет выспаться. Но после обеда мы еще постреляем, так и запишите.

Вечером мы спустились к пристани и искупались, чтобы не мешаться дома. Клочки бороды, беззаботно кружа, плавали в море вместе с нами. Мы не вылезали из воды до тех пор, пока на проплывавших мимо кораблях не зажглись огни. Но Перси смог осилить лишь пятнадцать метров.

Мы натянули вдоль берега длинную веревку и нарисовали на ней четкие черные метки — через каждый метр, а двадцатый отметили красным. Чтобы я мог определить, сколько проплыл Перси, прежде чем его голова исчезала под водой.

20 Спасибо.

21 мальчики.

— Тринадцать с половиной, — объявил я. — Похоже, ты выдыхаешься.

— Гадство! — Перси сплюнул воду.

Лицо его покраснело, как закатное солнце.

Он долго пытался отдышаться, прежде чем смог говорить.

— Еще разок, — попросил он.

— Нет, пора возвращаться. Ты только еще больше устанешь. Да и темно так, что хоть глаз выколи. Скоро и меток не разглядеть будет.

— Никогда у меня ничего не получится!

Перси топнул ногой так, что брызги разлетелись во все стороны. Он выбрался на причал, снял плавки и швырнул их на доски.

— Получится. Только надо тренироваться.

— И когда же? Я ведь уезжаю завтра вечером.

— Знаю.

Тяжело ступая, мы побрели домой.

Мама приготовила нам термос с какао. А еще дала бутерброды с сыром и по яблоку каждому.

— Вот, возьмите с собой. Идите-ка ложитесь поскорее.

Мы так и сделали.

Теперь мы снова спали в дамской каюте. После того как дедушке в ноги ударила молния, бабушка запретила нам ночевать одним в хижине. А дедушка пригрозил: если мы не послушаемся, он своими собственными руками столкнет нашу хибару в море.

Пришлось смириться. Брат перебрался со своим матрасом в гостиную, так что мы были теперь вдвоем.

Перси смотрел в потолок и был мрачнее тучи.

— Осталось-то всего ничего, — вздыхал он. — Я уже почти научился. Еще чуть-чуть, и проплыл бы эти проклятые несколько метров.

— Ты еще научишься.

— Не успокаивай.

— Не пойму: в чем загвоздка? Вроде ты все делаешь правильно.

— Ага. Но все равно ничего не выходит. Может, стоит еще потренироваться в сухом плавании?

— Спи лучше, завтра с утра тебе надо быть бодрым как огурчик. Давай я тебе почитаю про Буффало Билла, чтобы ты отвлекся.

Под вздохи Перси я стал читать страницу за страницей.

Про то, как Буффало Билл и его конь Биг Булл участвовали в скачках, и про то, как он преследовал огромные стада бизонов по прериям и как его самого преследовали индейцы. Я читал и читал, пока Перси не заснул.

Я видел, как он гребет руками во сне.

Я погасил свет. И вскоре тоже заснул.

Но в моих снах Буффало Билл продолжал скакать на своем белом коне. Где-то вдали скрипели старые повозки. Стучали по земле лошадиные копыта. С громким топотом проносились стада бизонов — как будто гром гремел. А еще я различал лай собак в прериях и слышал, как они воют на луну.

Потом мне показалось, что я слышу бабушкин тихий смех, словно она смеялась сама с собой.

Глава 21

Тарзан — сын крокодила и трески

На следующий день, когда мы с Перси зашли в дедушкину каюту, его там не оказалось. Он заблудился, как и предупреждал. Только его вставная челюсть лежала на тумбочке и улыбалась сама по себе. Широченной улыбкой.

А дедушки не было.

— Вдруг он в море упал? — испугался я. — Надо сказать бабушке.

— Да она с ума сойдет! — предостерег Перси.

Но она не сошла. Потому что дедушка заблудился именно в ее комнате. Он лежал рядом с ней на диване — с такими же резными львиными мордами на подлокотниках — и спал, положив голову ей на плечо. Из уголка его рта тянулась нитка слюны. Дед казался счастливым. И бабушка тоже. Когда мы заглянули в дверь, она приоткрыла глаза и осторожно махнула нам рукой — чтобы мы ушли.

Мы взяли в мастерской пустые жестяные банки, расставили их на перилах веранды под окном родителей, а потом стали кидать в них камешки. ПАНГ-ПОНГ — звякали банки.

От шума проснулась мама.

— Чем это вы занимаетесь? — крикнула она.

— Когда мы будем завтракать? — спросил я в ответ.

Тогда мама встала. Поставила на стол тарелку с пшеничными булочками, рецепт которых нашла в газете, — это было что-то новое и английское. Она испекла их специально для Перси. Ведь сегодня он уезжал. Но большую часть съел папа — восемь штук с маслом и мармеладом.

— И впрямь отличные булочки! — нахваливал он. — Вот, попробуй, Перси, последняя осталась. Моя жена специально испекла их в твою честь.

— Нет, спасибо, — сказал Перси. — А то еще заворот кишок случится и я умру.

— Ну, до этого не дойдет, — улыбнулся папа.

— Как знать, ведь мы идем плавать.

Мы побежали за полотенцами и плавками, которые сохли на бельевой веревке.

— Что ты хочешь на обед, Перси? — спросила мама, когда мы были уже в дверях. — Сегодня проси всё, что пожелаешь.

Мама подняла руку с кофейной ложечкой, будто домашняя фея — волшебную палочку. Если бы она спросила меня, я бы заказал два бутерброда с сыром, котлету с картошкой и коричневым соусом и пирожные со взбитыми сливками.

Но Перси некогда было думать о такой ерунде.

— Да все равно, — сказал он. — Пусть будут котлеты. Буффало Билл их любит.

Мы бежали всю дорогу до самого причала. Сначала потому, что нам не терпелось поскорее нырнуть в воду. А потом, набрав скорость, уже просто не могли остановиться. Дедушкина тропинка была такой крутой, что ноги сами несли.

И принесли нас прямо на пристань.

Перси прибежал первым. Плавки мы надели еще дома.

— Кто первый — тот Джонни Вайсмюллер! — крикнул Перси, бросил полотенце и одежду на причал и прыгнул в воду.

Джонни Вайсмюллер — это актер, который играл Тарзана. А еще он был чемпионом мира по плаванию.

— Ай-я-я-я-а! — вопил Перси, пока летел в воздухе.

Это был крик Тарзана, сына обезьян.

— Кто второй — тот генерал Паттон! — крикнул я и тоже сиганул в воду.

Генерал Паттон командовал американскими танковыми войсками во время Второй мировой войны. Я читал о нем в журнале. Настоящий герой! Паттон зачерпнул горсть ила со дна и слепил ручную гранату. Она попала точно по башке Джонни Вайсмюллеру.

Так началась *Вторая иловая война*.

Тарзан-Джонни позвал на подмогу зверей. Взвод слонов брызгал водой в лицо генералу Паттону. А тот отвечал на это очередями иловых мин — до тех пор, пока Тарзан не оступился и не нахлебался воды.

— Это тебе за Пию, за то, что она в тебя влюбилась! — объявил генерал Паттон.

— Плевал я, — прокашлял Джонни Вайсмюллер и снова пошел в наступление. На этот раз он кинул в бой гиппопотамов: поставил их задом к противнику, и те, злобно размахивая хвостами, забросали вражескую армию своими какашками. Я уже было собрался вызывать подкрепление, но тут подоспел Классе. Он знал, что Перси сегодня уезжает.

— Чем это вы занимаетесь?

Увидев Классе, Джонни Вайсмюллер снова превратился в Перси.

— Молодец, что пришел! Мы просто попрыгали немного, чтобы еда улеглась. А сейчас, черт меня подери, я наконец проплыву эти двадцать метров. Теперь или никогда!

— Удачи! — пожелал Классе.

Перси встал напротив первой отметки на нашей веревке и отер грязь с лица: ему хотелось выглядеть красавцем, когда он поставит свой рекорд.

— Считай до трех, Уффе, — велел он и сделал глубокий вдох.

— Один, два, три, — отсчитал я.

Перси взял отличный старт. Первые десять метров он осилил легко и быстро. Классе был уверен, что Перси справится, и даже начал было насвистывать национальный гимн в его честь.

Но Перси проплыл двенадцать метров и выдохся.

Выбиваясь из последних сил, он протянул еще метров пять — на одной воле к победе, — а потом голова его скрылась под водой.

— Вы ви-и-дели! Ви-и-дели! Увы, он выдохся! — завопил Классе голосом Свена Йерринга, который ведет спортивные репортажи по радио.

— Заткнись, — огрызнулся я — мне не хотелось, чтобы Перси его услышал.

Классе не понимал, насколько это важно для Перси.

Пусть хоть выберется из воды сначала. Перси с трудом вскарабкался на мостки. Мне пришлось ему помочь. Он сидел, опустив голову, болтал ногами и тяжело дышал. Потом посмотрел на меня.

— Семнадцать метров, — сказал я тихо. — Ровно семнадцать метров.

— Гадство.

— Да это был отличный заплыв! — попробовал подбодрить его Классе. — Один из лучших, какие я видел.

— Ну и что с того? — буркнул Перси. — Это же не фигурное катание. Я ведь обещал отцу! Он так радовался. «Отлично, парень, — сказал он. — Молодец! Весь в меня».

— В следующий раз обязательно получится, — пообещал я.

— Не будет следующего раза.

— Почему?

— Не смогу, — вздохнул он. — Не получается, и всё. У меня такое чувство, что я вот-вот лопну. И перед глазами мелькают черные точки. И как только люди переплывают Ла-Манш? Это же чертовски далеко!

— Тридцать три километра восемьсот метров, — подсказал Классе. — По прямой. Но из-за течений, считай, все пятьдесят.

Он был просто ходячей энциклопедией.

— Они натираются жиром, — сказал я. — Слушай, а что, если и тебе тоже? Можно маслом.

— Не-а. Я все равно спекусь.

Он лег на спину и стал смотреть в серое небо. А солнце глядело на него сквозь пелену облаков.

Оно было похоже на вареный рыбий глаз, только без зрачка. Я сказал об этом Перси. Он любил мои сравнения. Но на этот раз он даже не улыбнулся. Только промычал: «М-м-м». Наверняка думал о своем отце.

Мы с Классе улеглись рядом, чтобы ему не было одиноко.

Перси жевал жвачку. Я закрыл глаза и слушал его чмоканье. И вдруг меня осенило! Я догадался, в чем была его ошибка.

— Ну-ка живо полезай в воду! — скомандовал я.

— Нет уж, — запротестовал Перси.

— На этот раз у тебя всё получится! — пообещал я. — Я понял, что ты забыл.

— Что? — спросил Перси уже с интересом.

Я выдержал небольшую паузу, чтобы посильнее его раззадорить.

— Дышать.

— Разве?

— Точно! — поддержал меня Классе. — Теперь мне тоже так кажется.

— Как я мог забыть дышать?

— Откуда я знаю. Тебе не хватало кислорода. Прыгай живо!

Перси послушался. Я объяснил ему, что он должен делать вдох, когда подводит руки к телу, и выдох, когда вытягивает их вперед, — тогда все получится. Он сделал пару гребков на пробу, а потом поплыл дальше вдоль веревки. Время от времени ему в рот попадала вода, он ее выплевывал. А в остальном все шло как по маслу. Перси без труда доплыл до красной метки.

— Получилось! — крикнул я с причала, когда он достиг финиша.

И тогда он повернулся и поплыл назад, быстро-быстро.

— Видали? Видали! — ликовал он, когда взобрался на причал. — Теперь-то папа обрадуется. У меня получилось! Я проплыл двадцать метров.

— Нет, — сказал я.

— Что ты несешь, придурок! Ясно, проплыл.

— Нет, ты проплыл все сорок, — улыбнулся я. — Туда и обратно.

Перси ударил себя в грудь. Он победил море! Победил все, связанное с водой: реки, ручьи, океаны, водопроводные краны. И снова стал Тарзаном, сыном крокодила и трески. Он не знал, куда себя девать от счастья.

— Ай-я-а-а! — завопил он, и крик его отозвался эхом.

Потом поднялся на мостки и столкнул меня в воду.

— Ну, а что теперь будем делать? — спросил Классе.

— Пойдем-ка накопаем моркови, — сказал Перси.

Глава 22

Буффало Билл стреляет без промаха

Сперва я не понял, зачем нам морковь.

— На что она нам сдалась? — спросил я.

— Шшш! Ты что, сам не догадываешься? — прошептал Классе.

И тогда до меня дошло, что Перси хотелось еще раз испытать себя. Морковь мы выкапывали на огороде у Эриксона. А про него всем было известно, что он никому спуску не дает. Да и жена его вечно пялилась из окна. Мы вырыли шесть самых крупных морковок прямо руками, а потом смыли с них землю водой из колонки.

Перси сунул морковки под свитер.

— Может, теперь в дверь позвоним? — предложил Классе.

— Зачем? — не понял Перси.

— Шутки ради, — объяснил я. — А потом убежим.

Перси не возражал. Мы подкрались к входной двери, нажали на кнопку звонка и долго не отпускали. А потом, хохоча как ненормальные, помчались прятаться. Выскочили в калитку, пробежали мимо почтового ящика и дома Пии и свернули к Эстерману.

У Эстерманова дома Перси остановился и выдохнул.

— Ты что встал? — спросил я.

— Нельзя разговаривать с лошадью, пока не отдышался, — ответил он.

Перси решил навестить Чернобоя — попрощаться и рассказать, сколько он проплыл.

— Нельзя уезжать, не попрощавшись. Так с друзьями не поступают.

На этот раз Чернобой ходил в загоне перед конюшней. Завидев Перси, конь тихо заржал, подошел к изгороди и ткнулся мягким носом ему в ухо.

— Здравствуй-здравствуй, коняшка, — сказал Перси и протянул коню морковку. — Вот, угощайся! Это тебе от Эриксона. Первый сорт! Знаешь, сегодня особенный день — и радостный, и печальный. Радостный, потому что я смог проплыть сорок метров. А печальный, потому что мне надо возвращаться домой. Вечерним пароходом. Так что больше я не смогу тебя навещать. Но буду думать о тебе каждый день ровно в три часа. Я тебя никогда не забуду. И ты меня тоже не забывай. Никогда.

Мы стояли там, пока не кончилась морковь.

А потом пошли по домам. Нам с Перси надо было вернуться к дедушке. А Классе обещал помочь отцу поменять масло в лодочном моторе.

— Я приду провожать пароход, — пообещал он.

Когда мы вернулись домой, дедушка уже встал. Он вышел из дровяного сарая, когда мы уже почти поднялись по тропинке.

На усах у него была простокваша с имбирем. На голове — фетровая шляпа, а кожаные сапоги скрипели при ходьбе, ведь они были еще совсем новые. Дедушка улыбнулся нам загадочной улыбкой настоящего героя.

В руках он держал винтовку.

— *So there you are, boys!*[22] — сказал он. — Если хотите пострелять, надо идти не мешкая.

Мы направились к школе, но прошли всего метров двести, как вдруг дедушка пошатнулся. Мы

22 А, вот и вы, мальчики.

поспешили поддержать его. Так повторилось несколько раз.

— Всё эти чертовы сапоги, — ворчал дед. — Никак их не разношу.

Я вызвался сбегать за табуреткой, чтобы он мог присесть отдохнуть по пути, когда захочет.

— Отлично придумал, Ульф! — похвалил дедушка. — Только бабушке ничего не говори.

Я сгонял домой и стащил из прихожей белую табуретку, на которой стоял телефон, а заодно прихватил и синее одеяло со своей кровати, чтобы у дедушки не мерзли ноги, пока он будет сидеть: лето все-таки подходило к концу.

Я уже собирался прошмыгнуть на двор, но тут бабушка схватила меня за плечо.

— Вы с Перси собрались на прогулку вместе с дедушкой, так? — спросила она.

— Да, — кивнул я, так как по ее глазам понял, что хитрить бесполезно.

— Я сразу догадалась, как только увидела, что он пошел в дровяной сарай.

Я думал, бабушка велит нам вернуться. Но она этого не сделала. Только попросила, чтобы мы приглядывали за дедушкой.

— Ноги его плохо держат, — сказала она. — А в его

годы, если упадешь, можно кости сломать. — И не ходите долго, обед скоро будет готов, — добавила она с улыбкой. — Да смотри, не проболтайся дедушке, о чем я тебя просила.

— Не проболтаюсь, — пообещал я.

Бабушка поцеловала меня в лоб, и я побежал догонять Перси и дедушку. Они недалеко ушли. Вместе мы медленно поднялись на скалу, где был сигнальный костер. Дедушка часто присаживался: делал вид, что нашел какую-то необычную шишку и хочет нам показать. Или слышал незнакомую птицу. Или хотел рассмотреть, куда торопятся муравьи.

— Ишь как стараются, чертенята! — бормотал он. — Ну ладно, насмотрелись — двинулись дальше.

И мы проходили еще немного.

В конце концов дедушка решил, что хватит. Он уселся на белую табуретку посреди ровной лужайки, почти на самой вершине. Я накрыл небесно-голубым одеялом его больные колени. Он сидел, переводил дух и смотрел на море, корабли и все прочее, пока бледно-серое небо не превратилось в цирк шапито.

— Скоро, — прошептал дедушка.

— Что? — не понял я.

— *Everything*[23], — сказал он. И помолчав немного, торжественно произнес: — *Ladies and gentlemen…*[24] Снял шляпу и поклонился во все стороны.

Вдруг мне показалось, будто ножки табуретки выросли, у нее появилась шея с развевающейся гривой и высоко поднятая голова — она словно превратилась в гордого скакуна Буффало Билла. А дедушка сидел, выпрямив спину, и смотрел по сторонам — на камни, кусты и деревья, которые колыхались на ветру. Я догадался: он видит перед собой индейцев с яркими перьями, метких ковбоев, солдат, повозки, катящие по прерии, и бизонов с понурыми головами. Это был «Цирк Дикого Запада», о котором я прочитал в конце книги.

— *And now…*[25] — сказал дедушка и махнул шляпой.

Он достал из кармана брюк узелок — это был носовой платок. А в нем — полным-полно больших блестящих пятиэровых монет.

— Бросайте, — велел он. — Бросайте как можно выше!

Мы стали подбрасывать в небо монетки одну за другой, а дедушка, сидя на табуретке, стрелял

23 Всё.

24 Леди и джентльмены.

25 А сейчас.

по ним. Он приладил винтовку к плечу и нажимал на курок. Удивительное дело: хотя глаза у него были уже слабые, он почти все время попадал в цель!

— *Next!*[26] — командовал он.

И мы кидали еще.

Представление закончилось так же внезапно, как и началось. Дедушка опустил винтовку и поклонился. В последний раз. Потом встал и протянул винтовку мне. Земля вокруг была усеяна простреленными кругляшками, они сверкали, как маленькие солнца.

— Вот и всё. А теперь пора домой, ребятки, — сказал он. — Котлеты, поди, давно уже готовы.

Он оказался прав.

Но нам понадобилось немало времени, чтобы дойти до дому. Каждые пять минут дедушка присаживался отдохнуть. Дольше всего он сидел у школьного окна, потому что ему понравилась мелодия, которую играл учитель. «Снова восходит ясное солнце».

Он даже похлопал, когда она закончилась.

26 Следующая.

Наконец мы вернулись домой. Дедушка велел мне прокрасться через кормовой салон и спрятать винтовку в гардеробе. Сам он бросил шляпу в свою каюту, стянул сапоги и напустил на себя самый невинный вид. Когда бабушка спросила, где мы были так долго, он ответил, что показывал Перси чудеса природы.

— Знаете, почему хорошо иногда побыть вдалеке от дома? — сказал дедушка, когда мы сели за стол.

— Нет, почему же? — спросила мама.

— Потому что потом так славно вернуться домой, — ответил дедушка, пытаясь выковырять кусок мяса, застрявший в зубах. — Снять сапоги, снова стать самим собой и плевать на всех.

— Ты тоже так думаешь, Перси? — спросил папа.

— Не знаю. Я-то еще домой не вернулся.

— Да, конечно, — согласился папа.

А дедушка рассмеялся.

— А ты не дурак, черт меня подери! — сказал он Перси.

Когда все было съедено и обед закончился, дедушка сходил в свою каюту и принес серебряный доллар, который хранил в ящике письменного стола. Перси как раз заканчивал собирать вещи; последними он положил в сумку свои плавки. Они были еще мокрые.

— Вот, — сказал дедушка и протянул ему блестящую монету. — *Just keep it*[27]. Мне она больше не нужна.

Тогда Перси обнял его.

— Здорово, что я с вами познакомился, — сказал он.

И мы отправились на пристань.

Там нас уже поджидали. Вся наша компания пришла попрощаться: Классе, Бенке, Данне, Леффе с младшей сестренкой на плечах, Биргитта, Марианна, Кикки. И еще Пия.

— Может, еще встретимся когда-нибудь, — сказала Пия, когда причалил катер.

— Поживем — увидим, — ответил Перси.

Прежде чем подняться на борт, он помахал нам. Я ничего ему не сказал на прощание. И он мне тоже. Это было лишнее. Мы знали, что скоро увидимся.

Потом пароход отошел от берега. Классе стоял справа от меня. А Пия слева.

— Отличный парень этот Перси, — сказала она.

— Да, — кивнул я.

Пия приподняла руку и махнула мне.

— Ну, до свидания.

— До свидания, — сказал я. — Скоро я снова смогу с тобой разговаривать.

Мы с Классе остались на пристани одни.

27 Оставь себе.

А чуть дальше на берегу, у расколотого черного камня стоял дедушка — в фетровой шляпе и новых сапогах — и палил из винтовки в честь проходившего мимо корабля. Он стрелял прямо в бледное солнце, словно это был сверкающий серебряный доллар.

Но солнце крепко держалось на небе и не падало.

Литературно-художественное издание
Серия «Лучшая новая книжка»

Старк Ульф

Мой друг Перси, Буффало Билл и я

В соответствии с Федеральным законом № 436
от 29 декабря 2010 года маркируется знаком 6+

Для среднего и старшего школьного возраста

Перевод со шведского Ольги Мяэотс
Иллюстрации Марии Патрушевой
Верстка Валерия Харламова
Литературный редактор Мария Людковская
Корректоры Екатерина Логунова, Надежда Власенко
Главный редактор Ирина Балахонова

ООО «Издательский дом «Самокат»
119017, Россия, г. Москва, ул. Малая Ордынка, д. 18, стр. 1
+7 (495) 180-45-10
info@samokatbook.ru, www.samokatbook.ru

Отдел продаж
sales@samokatbook.ru

Книги по издательским ценам можно приобрести в магазинах издательства:

Москва, ул. Малая Ордынка, д. 18, стр. 1;
Санкт-Петербург, ул. Мончегорская, д. 8Б
и в интернет-магазине samokatbook.ru

Подписано в печать 24.10.2022
Формат издания 60х84/16
Печать офсетная. Усл.печ.л. 17. Тираж 2000 экз.
Заказ № 965.

Отпечатано в ООО «Типография «Миттель Пресс»
127254, г. Москва, ул. Руставели, д.14, стр. 6, офис 7
mittelpress@mail.ru, тел.: +7 (495) 619-08-30

Читайте в серии «Лучшая новая книжка»!

Ульф Старк

«Чудаки и зануды»

Книги шведского писателя Ульфа Старка (лауреата национальных и международных литературных премий — Августовской, Немецкой детской и имени Астрид Линдгрен) известны и любимы в России и во всем мире. В его книгах все как в жизни: они взрослеют вместе с ребенком, открывают ему сложный современный мир блаженных и недотеп, чудаков и зануд...

Героине повести Старка «Чудаки и зануды», двенадцатилетней Симоне, очень непросто жить среди «чудаков и придурков, населивших ее дом»: с вечно забывающей всё (в том числе день рождения дочери и пса Килроя при переезде) и бросившей попытки «стать нормальной» мамой и ее нелепым мужем. К тому же в новой школе Симону из-за ее непривычного имени принимают за мальчика — и она вынуждена делать все, чтобы не оказаться в нелепом положении, начиная «мальчишескую карьеру»...

Читайте в серии «Лучшая новая книжка»!

Ульф Старк
«Пусть танцуют белые медведи»

Повесть «Пусть танцуют белые медведи» шведского писателя Ульфа Старка («Умеешь ли ты свистеть, Йоханна?», «Чудаки и зануды», «Мой друг Перси, Буффало Билл и я» и др.) вышла на русском языке в 2008 году, и стала популярна не только у детей, но и у взрослых. И не только благодаря доброму юмору Старка – он пишет очень смешно, но дело не только в нем. Старк сочувствует современному подростку, ему приходится сталкиваться непростыми проблемами и учиться делать непростой выбор слишком рано.

Герой повести Лассе не блещет в учебе, ходит в потертых брюках, слушает Элвиса Пресли и хулиганит на улицах. Но однажды его жизнь круто меняется. Лассе вдруг обнаруживает, что вынужден делать выбор между новым образом примерного мальчика с блестящими перспективами и прежним Лассе, похожим на своего «непутевого» и угрюмого, как медведь, отца. И он пытается примирить два противоречивых мира, найти свое место в жизни и — главное — доказать самому себе, что может сделать невозможное…

Ульф Старк родился в 1944 году в Стокгольме, начал писать для взрослых в 20 лет, но с 1984 года полностью посвятил себя детской литературе. На сегодняшний день он выпустил более 40 книг, большинство из которых посвящены детям и подросткам и написаны для них. Книги Старка переведены на многие языки мира, в 2000 году жюри премии Г.Х.Андерсена отметило писателя почетным дипломом. Старк, наверное, один из самых читаемых и известных в мире современных шведских детских писателей, его книги переведены на 20 языков.